생각 쑥!
역량 쑥!
교과연계
주제선택
수업

생각 쑥! 역량 쑥! 교과연계 주제선택 수업

초판 1쇄 2021년 1월 10일 | 초판 2쇄 2021년 10월 20일

글쓴이 김성아·김영숙·김지영·손경진·신화진·염혜현·이건호·최의선·한영란
본문 삽화 최희경(춘천 우석중학교 교사) 편집 작은배 디자인 구민재page9
펴낸곳 도서출판 단비 펴낸이 김준연 등록 2003년 3월 24일(제2012-000149호)
주소 경기도 일산서구 고양시 고양대로 724-17, 304동 2503호(일산동, 산들마을)
전화 02-322-0268 팩스 02-322-0271 전자우편 rainwelcome@hanmail.net

ⓒ 김성아·김영숙·김지영·손경진·신화진·염혜현·이건호·최의선·한영란, 2020
ISBN 979-11-6350-036-0 03370 값 15,000원

생각 쑥!
역량 쑥!

교과연계
주제선택
수업

김성아 • 김영숙 • 김지영
손경진 • 신화진 • 염혜현
이건호 • 최의선 • 한영란

지음

단비
danbi

차례

머리말 • 6

왜 교과연계 주제선택 수업인가?

01 결핍을 자부심으로! 〈우리동네 연구소〉
김성아 ———— 9

02 삶을 가꾸는 국어 수업
염혜현 ———— 29

03 중학생도 그림책이 좋다
김지영 ———— 51

04 나도 TED Speaker!
김영숙 ———— 75

05 그림책으로 만나는 영어
손경진 ———— 101

06 **배움에 끝이 없는 놀이 수학 수업**
한영란 ———— 125

07 **진짜와 가짜를 구별하는 능력을 기르는 Media Literacy**
이건호 ———— 151

08 **과학, 기술, 공학 사이에서의 과학수업**
최의선 ———— 185

09 **내 안의 성장, 함께 성장하는 우리**
신화진 ———— 209

추천사 • 233

자유학기제 수업을 통해
학생들의 삶과 앎을 만나다

왜 교과연계 주제선택 수업인가?

'교사에게 수업은 무엇인가?' 질문해 본다. 하루 중 교사로서 가장 많은 시간을 투자하고 학생들과 시간을 보내는 것이 수업이다. 그러면서 '오늘 수업은 학생들에게 의미가 있었을까?' 자문해 본다. 교실 문을 나오면서 뭔가 뿌듯한 마음을 가지고 나오기도 하고 때로는 찜찜한 기분을 가질 때도 있다. 수업은 교사로서 가장 중요한 임무이자 가장 큰 숙제이다.

4차 산업혁명, 2015 개정 교육과정, 미래 교육을 논하면서 학교 현장은 수업의 종류도 다양해지고 새로운 수업 방법에 대한 교사들의 관심 또한 뜨겁다. 학생들이 이끌 사회는 끊임없이 변하고 있으므로 수업도 바뀌어야 한다. 요즘 시대는 기존의 지식전달자에서 학생들의 잠재되어 있는 역량을 키우는 교사가 되기를 요구한다. 이제 교사가 유연한 생각을 가지고 미래를 살아갈 학생들의 역량을 키워주는 수업으로 변화해야 할 시기이다.

그럼 어떤 수업이 필요할까? 2016년 전면 실시된 중학교 자유

학기제는 초기의 진로체험 중심에서 다양한 학생 참여형 수업으로 확대되고 있다. 또한 고등학교도 대학 수시입학이 늘면서 수업의 변화가 이루어지고 있고 고교학점제의 도입은 학생들이 다양한 과목을 선택하는 선택중심의 교육과정을 확대시키고 있다. 2015 개정교육과정의 핵심인 학생 선택 확대를 위한 다양한 주제의 수업이 절실하게 필요한 시기이다. 교사는 교과서 위주의 수업에서 한 단계 더 나아가 교과와 연계한 주제가 있는 수업을 개설하여 학생들이 흥미 있고 심화된 수준의 학습을 할 수 있는 선택권을 확대해 주어야 한다.

그래서 이 책에서는 교과와 연계된 흥미 있고 심화한 주제를 선택하여 일반 교과 수업, 자유학기제 주제선택 활동에 활용할 수 있는 10차시~34차시 교과연계 주제선택 중심의 수업 내용으로 구성된 수업 사례를 소개해 본다. 각 교과와 연계한 주제로 구성된 수업 계획, 수업 방법, 평가 방법을 제시하여 현장 교사들이 쉽

게 학교에서 실천할 수 있도록 구성하였다. 교사는 주제선택 수업을 통해 교과와 연계한 심화된 주제로 학생들의 교과에 대한 흥미를 높이고 학생은 교과에 대한 깊이 있는 공부를 할 수 있다.

인구감소에 따라 소규모학교가 급격하게 늘어가고 있는 강원도의 현실에서 시내의 학교 뿐만 아니라 시골의 작은 학교에서 실천한 주제가 있는 수업 사례와 유형을 제시하여 현장의 교사들이 보고 적용하기 쉽게 담아내었다. 각 과목에서 주제를 정한 이유, 수업 계획, 학습지 등을 첨부하여 이해하기 쉽게 하였다. 무엇보다도 학생들의 성장뿐만 아니라 수업의 고민과 해결과정을 통해 선생님들이 성장한 모습도 담아내었다.

100% 완벽한 수업은 없다고 생각한다. 학생들과 함께 수업하면서 크고 작은 시행착오를 겪으며 교사는 성장한다. 지금도 성장하고 있다. 그리고 이러한 성장을 통해 교사로서 보람을 느낀다.

01

결핍을 자부심으로!
〈우리동네 연구소〉

탄광지역 소규모 학교의
주제선택수업 이야기

"꿈이란 내 조건에 맞는 가장 행복한 선택이다."
학생들이 각자의 삶 속에서 자신에게 가장 잘 맞는 행복을 찾을 수 있도록 방향을
제시해 주는 것 또한 교육의 중요한 역할이라고 생각된다. 교사는 학생이 결핍의
요소를 스스로 찾고 이를 해결해 나갈 수 있도록 힘을 북돋아주며, 이러한 교사의
공감적 지지를 바탕으로 소소한 행동과 실행이 쌓여 자신의 실력이 되고 자존감
이 형성되는 것을 경험한 학생들은 삶에 대한 자부심을 잃지 않고 더욱 힘차고 당
당해질 것이라고 믿는다.

시골 출신 교사의 시골 학교 생활

나는 시골에서 태어났다. 아니 태어나기만 한 게 아니고 초·중·고 학창시절 12년을 모두 그곳에서 보냈다. 나중에 교사가 되고 나서야 알았지만 나의 고향은 그야말로 "벽지"였다. 그 당시에 근무하셨던 은사님 대부분은 현재 교장선생님이시거나 교장선생님으로 퇴임하셨다.

고등학교가 평준화되지 않았던 시절이었으나 나에겐 고등학교 선택권이 없었다. 왜냐하면 우리 동네엔 고등학교가 하나뿐이었으니까. 중학교 졸업을 하면 바로 뒷건물에 있는 고등학교에 입학해야 하다니! 너무 김빠지는 일이었다. 그래서 그 당시 선망의 대상이던 도청 소재지로의 진학을 위해 정말 열심히 공부했다. 하지만 부모님은 절대로 유학 반대! 며칠을 밥도 안 먹고 울며불며 투쟁했지만 원서는 결국 쓰지 못했다. 지금이야 웃으며 말할 수 있지만, 그 당시엔 열여섯 인생을 통틀어 가장 쓰라린 절망을 맛보

생각 쑥! 역량 쑥! 교과연계 주제선택 수업

았다. 물론 지금의 난 태생적으로 "시골감성"을 지닌 사람이란 걸 거부하지 않고 오히려 어릴 적 늘 보아왔던 시골의 이미지를 학생들에게 그림 그리듯 설명하곤 하지만 말이다.

이 학교에 부임 후 첫 담임을 맡았던 1학년 국어 수업 시간. 갓 입학한 신입생들은 설렘 반 긴장 반의 학교생활을 진행 중이었고 수줍고 어려워 담임교사에게 미처 하지 못한 이야기들을 할 수 있도록 다양한 주제로 글 쓰는 활동을 많이 했다. 가족과 친구, 그리고 자신의 이야기를 서툴지만 솔직하게 써 내려간 글을 통해 대화 몇 마디로는 알 수 없었던 학생들의 깊은 속내를 이해하고 공감해 나갈 수 있었다. 그런데 학생들이 적은 글 중 상당수에는 딱히 고등학교, 대학교 진학 계획이 세워져 있지 않음에도 불구하고 막연하게 다른 지역에 가서 사는 것이 목표라는 내용이 있었다. 그 이유로는 '자신들의 삶이 답답하고 다른 지역 사람들이 못 사는 동네로 생각하는 것 같아 창피하다'라는 것이 주요 내용이었다. 아! 열여섯 살의 나와 마찬가지로 이 학생들에게도 고향은 단지 "개천에서 용 났다."에서의 "개천"일 뿐이구나. 참 마음이 아팠다.

'결핍을 자부심으로'

아직도 산기슭에 빼곡하게 남아있는 관사 건물을 보면 알 수 있듯, 도계는 석탄산업으로 흥했던 지역이다. 하지만 점차 사양길을 걷고 있는 석탄산업으로 인해 공동화 현상은 뚜렷해지고 지역

경제는 매우 어려운 상황이다. 불황은 현재 진행 중이고 과거의 영화는 찾아볼 수 없다. 학교는 점점 학급 수가 줄어들거나 폐교를 하고 있고 도시로 전학을 가는 친구들의 뒷모습을 어린 시절부터 보고 자란 학생들에게 어쩌면 도계라는 지역은 애향심 가득한 고향이라기보다 어서 빨리 떠나야 할 곳으로 여겨지는 것이 당연하지 않을까 싶었다.

〈우리동네 연구소〉라는 수업은 학생들이 자신이 살고 있는 지역을 직접 조사하고 몸으로 경험하는 과정을 거치면서 그동안 자신의 고향에 대해 막연하게 만들어 왔던 부정적 이미지를 깨는 것이 큰 목표였다. 그리고 이 과정을 통하여 마음속 깊이 자리 잡고 있는 지역적 열등감과 결핍에 대한 부끄러움이 해소되길 바랐다. 늘 대도시를 선망하고 그곳에 빨리 도달할 수 없음에 좌절하며 현재의 삶과 터전에 대한 애정도 없이 자포자기의 심정으로 살아가는 학생들이 내 고장에 대한 자부심을 갖는 동시에 자신들의 미래에 대한 자신감 또한 가지기를 기대하며 차근차근 수업을 준비했다.

소규모 학교라서 가능한 1교사 2교과 융합 수업

이 수업은 2학년 1학기(연계 학기) 주제선택 활동으로 진행되었다. 2학년은 자유학년제 연계 학기 수업을 위해 국어와 도덕 시수가 1시간씩 배정되었고 2학년은 두 학급으로, 한 학급당 학생 수는 13~14명 정도였다. 국어 주제 선택 수업은 지역 장학센터의 지원을 받아 연극 활동을 계획하였고 도덕 주제 선택 수업은 공동체 의식과 민주 시민 의식 역량을 키울 수 있는 〈우리동네 연구소〉를 계획하였다. 사전 설문조사 결과를 바탕으로 2학년 1반 학생들은 분반을 하지 않고 모두 〈우리동네 연구소〉 활동을 하기로 하였다.

국어 교사인 필자가 갑자기 도덕 교과 연계 주제선택 수업으로 〈우리동네 연구소〉를 했다고 하니 의아해 할 것이다. 나는 국어 1정 교사가 맞다. 그리고 공교롭게도, 도덕 2정 교사이다. 학부 시절 국어교육과 재학생 대다수가 선택하는 한문 부전공을 선택하지 않은 결과이다. 내가 이 학교에 발령받고 그 다음 해에 도덕 교과 자리가 사라졌다. 겸임 선생님이 와야 하지만 나에겐 귀하디

귀한 도덕 2급 정교사 자격증이 있었고 교육청에서는 학교 안에서 자체 해결하라고 했다. 본교에서 유일하게 동 교과가 있는 국어과 다른 선생님은 한문 교과를 상치 수업한다. 소규모 학교는 이렇듯 '일당백'이다.

그래서 〈우리동네 연구소〉는 자연스럽게 1교사 2교과 융합 수업이 되었다. 기본적으로 국어 교과적 요소도 가져가면서 내용적인 부분에 도덕 교과 관련 요소를 넣어보자며 패기 넘치게 시작해 보았다. 그렇게 나는 2학년 학생들에게는 듣기에도 생소한 "도덕 샘"으로 불리며 희망과 용기 그리고 불안을 넘나들며 〈우리동네 연구소〉의 첫 삽을 들게 되었다.

야심차게 시작한 '우리동네 연구소'

수업을 계획할 때부터 주안점을 두었던 부분은 "자신감"과 "자부심"이었다. 학생들이 태어나고 자란 마을을 천천히 살펴보고 이를 눈과 마음에 담는 활동을 통하여 애향심과 더불어 자신이 살아가는 공동체에 대한 자신감과 자부심을 함양하는 것을 목표로 하였다. 또한 고향을 사랑하고 아끼는 마음과 동반하여 생길 수 있는 지역사회의 문제점에 대한 고민과 해결방안을 모색하는 과정도 함께 생각했다. 그리고 교사의 개입을 최소화하여 학급 구성원들이 머리를 모아 함께 협의하고 활동을 기획하며 실천하는 과정을 통하여 문제 해결 역량을 기르고 서로 존중하고 배려하며 협동하는 민주 시민으로서의 자질 및 공동체 역량 또한 함양할 수 있도록 하였다.

모둠 활동은 아래와 같은 방침을 두고 운영하였다.

◆ 모둠 운영을 원칙으로 하며 모둠 구성원 간의 협의를 통해 활동의 방향 및 방법을 기획하고 실천하게 한다.

◆ 모둠 구성원 중 소외되는 사람이 없도록 각자의 능력에 맞는 역할을 부여하도록 한다.

◆ 협동심, 비판적 사고력, 표현력을 고양할 수 있는 활동이 이루어지도록 유도한다.

◆ 〈우리동네 연구소〉 연구원증을 발급하여 마을 탐방을 나갈 때는 반드시 패용하도록 하고, 국어 교과 활동을 통해 인터뷰 방법과 예절을 사전 지도하여 이를 인터뷰 활동에 적용하도록 한다.

사실 학생들이 학교를 벗어나 외부로 나가는 것은 담당교사로서 매우 부담스러운 일이다. 상상하고 싶지도 않은 안전사고뿐만 아니라 상상조차 할 수 없는 중학교 2학년 남학생들의 어디로 튈지 모르는 에너지는 교문 밖으로 나가는 계획에 자꾸만 제동을 걸게 만들었다. 그래도 다행히 사전 교육을 통하여 수차례 애원(?)을 한 덕인지 학생들은 모둠별로 세운 활동 계획에 따라 움직여 주었고, 교장선생님과 교감선생님도 걱정보다는 격려로 함께 해 주었

차시	소주제	주요 활동 내용
1-4	내 머릿속, 도계	학생들이 평소에 가지고 있는 동네에 대한 이미지를 그림 으로 표현해 보는 활동
5-8	최애 장소 포토 에세이	학생들이 평소 좋아하는 우리 동네의 장소나 자랑하고 싶 은 곳, 멋진 풍경을 사진으로 촬영하고 소개하는 글쓰기 활동
9-34	우리동네 관광지도 그리기	우리 동네의 숨은 명소와 자랑거리, 관광에 참고할 수 있는 내용을 담은 관광지도를 만들어 직접 배부하고 지역 상점 및 관광서, 역 등에 비치하여 우리 동네를 홍보하는 활동

주제선택 활동 수업 흐름도

다. 다른 교과 선생님들도 인솔을 함께 해주진 못했지만 응원으로 나와 학생들을 뒷받침해 주셨다. 그리고 신기했던 건 '우리동네 연구소 연구원증'에 대한 학생들의 열렬한 호응이었다. TV에서 보던 대기업이나 방송국, 기자 직종에 대한 선망이 반영된 결과인 것 같았다. 활동 후에는 분실을 우려해 모둠장이 걷어간다고 해도 영화의 한 장면처럼 카메라를 꺼내 들고 연구원증을 쭉 내밀며 사진을 찍느라 내놓지 않아서 한참 고생했다는 에피소드는 소소한 수업 활동 준비물들이 얼마나 중요한가를 생각하게 해주었다. 어쨌든 이 연구원증이 역할을 톡톡히 했다. 학생들은 이 연구원증을 목에 걸면 뭔가 더 비장해지고 의젓해졌다.

사실 첫 수업 시간에 오리엔테이션을 하며 수업에 대한 세부

학생들을 의젓하게 만들어준 연구원증

적인 내용을 학생들에게 이야기했을 때의 반응은 "시시하다"였다. 그 이유는 자신들이 태어나고 자라며 십여 년 이상 산 곳을 다시 알아간다는 것 자체가 그다지 흥미를 일으킬 만한 일이 아니라는 것이었다. 하지만 첫 활동을 하자마자 학생들의 반응은 180도 달라졌다.

첫 번째 활동은 '내 머릿속, 도계'였다.

이 활동은 구체적인 동네의 모습을 파악하기에 앞서 학생들이 기억하고 있는 '이미지화'된 도계 지역의 모습을 그려보는 것이었다. 앞서 이야기했듯이 학생들은 더 이상 새롭게 알 것도 없는 동네, 눈 감아도 그릴 수 있는 동네라고 생각한 듯하다. 그런데 막상 자신들의 머릿속에 저장되어 있는 동네의 모습을 그리려고 보니 막막해했다. 모둠별로 모여 활동을 진행하는데 밑그림을 그릴 때부터 "여기 옆에 뭐였지? 거긴 어디더라?"라며 수런수런거렸다. 처음에 호언장담한 것과 달리 학생들은 당황했고 난 시행착오에 대한 불안감을 내려놓고 만족의 웃음을 지을 수 있었다.

　모둠원들의 기억을 모아 완성한 결과물을 보면 동네의 중심은 우리 학교였고 자신들이 자주 지나다니는 학교 주변에 위치한 상점과 관공서 등을 기억하고 있었다. 어린 시절부터 이 동네에서 살아왔지만 정작 자신들이 다니는 곳, 익숙한 곳만 기억하고 있다는 것을 깨달으며 이번 기회에 우리 동네에 대해 좀 더 자세히 알아야겠다는 의욕들을 보여서 내심 안도감과 뿌듯함이 밀려왔다. 처음에 보였던 반응들이 너무 좋지 않아서 걱정을 했었는데 '이래서 새로운 수업에 대해 고민하고 디자인하는구나.'라는 생각이 들었다.

　두 번째 활동은 '최애 장소 포토에세이' 활동이었다. '최애'란 말은 요즘 학생들이나 젊은이들이 많이 사용하는 줄임말인데 "최고 사랑하는(愛)", "제일 좋아하는" 정도의 뜻을 가지고 있다고 보면 된다.

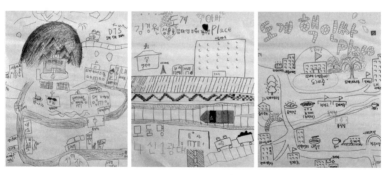

내 머릿속, 도계 - 활동 결과물

이 활동은 '내 머릿속, 도계' 활동을 통해 당연히 잘 아는 줄 알았던 우리 동네에 대한 정보가 많이 부족했음을 깨달은 학생들에게 자신감을 줄 수 있었다. 등하굣길이나 심부름 길, 친구들과 어울려 걸어 다니던 길에서 보았던 장소 중 자신이 가장 아름답다고 생각하거나 특별한 의미를 부여할 수 있는 곳을 찾아 사진을 찍고 짧은 글을 써서 포토에세이를 만들도록 하였다. 일주일 정도 시간을 주고 다양한 장소들을 촬영하고 의미를 부여해 본 후 가장 마음에 들고 다른 친구들에게도 소개하고 싶은 곳을 골라 포토에세이를 작성하는 모습에서 처음에는 볼 수 없었던 정성스러움을 느낄 수 있었다. 더불어 그 장소에 대한 애정이 느껴져서 마음이 따뜻해지는 시간이었다.

이곳은 내가 매일 보는 곳이지만 나의 기분에 따라 매일 다른 모습이다.
우울한 날엔 흐릿흐릿하고 우중충한 느낌이 나는데 행복한 날에 보면 매우 밝고 환하게 보여서 내 감정을 담아 놓은 듯하다. 그래서 가끔 생각이 복잡한 날에 이곳을 보다가 구름이 걷히고 햇빛이 들어오면 마음도 같이 맑아진다. 초등학교 때부터 보아왔던 풍경인데 내가 자라듯 동네 풍경도 조금씩 바뀌는 것이 내 삶과 함께하는 풍경인 것 같아 마음이 애틋해질 때가 많다.

오늘도 집으로 돌아오는 길. 하늘도 예쁘고, 인적없는 길이 오늘따라 예쁘게 느껴진다.
"여기는 친구랑 딱지 치고 놀았던 문구점이 있었던 곳",
"저기는 친구랑 술래잡기 하다가 넘어져서 울었던 계단",
"차가 오면 손 들고 건넜던 횡단보도"
추억이 새록새록, 난 이 길 위에서 행복한 추억을 많이 만들었구나.

아무도 없는 이 길을 걷다보면 다양한 소리가 들린다. 평상시에 바쁘게 지나치다 보면 놓치는 소리이지만 이렇게 한적한 시간, 여유있게 걷다보면 길 옆 나무들의 잎들이 부딪히는 소리, 도로 옆 개울의 물 흐르는 소리, 고등학교에서 형들이 공차는 소리…. 중학생인데도 이렇게 여유가 없는데 고등학생이 되면 더 바빠서 이런 한가로움을 느끼기 어렵겠구나 걱정도 잠깐, 시원한 바람이 걱정을 싹 가져가 준다.

우리집 가는 길에 있는 폐가.
어릴 때에는 이 근처에만 가도 음산한 기운이 들고 괜시리 무서운 마음이 생겨서 멀리 돌아가곤 했었다. 장난꾸러기 내 친구들과 함께 담력 테스트를 한다고 여기 들어갔다가 울면서 나왔던 기억이 난다. 이제는 무섭다는 느낌은 전혀 없고 어릴 땐 그렇게 크게 느껴졌던 폐가가 작아진 것에 놀라고, 덩굴이 폐가를 덮고 있는 게 분위기 있어 보인다. 내가 많이 컸나보다. 하하.

해가 이렇게 반짝 나는 날이면 우리 학교 체육선생님은 우리들이 입는 팀 표시 조끼를 손수 세탁하셔서 이렇게 운동장에 널어 놓는다. 우리가 땀벅벅으로 만들어 놓은 걸 얼굴 한 번 찡그리지 않고 매번 세탁해 주는 걸 진작에 감사하다고 생각하지 못한 나를 반성한다. 선생님, 감사합니다!

포토에세이 결과물

세 번째 활동은 이번 주제선택 활동의 중심이라고 할 수 있는 '우리동네 관광지도 그리기'였다. 처음 도계에 왔을 때는 워낙 "탄광촌"이라는 이미지가 강했기 때문에 어둡고 무거운 분위기를 상상했다. 하지만 막상 내 눈 앞에 펼쳐진 도계라는 지역의 모습은 산은 푸르고 물은 맑으며 날씨도 크게 변덕이 없는, 영동 지역과 영서 지역의 장점을 모두 가진 곳이었고 아기자기한 마을의 모습이 마음을 푸근하게 하였다. 하교 후에 어디로 가는지 모르는 도시의 학생들과는 다르게 우리 학교 학생들은 운동장에서 공을 차거나 농구를 하고, 볕이 좋은 날에는 삼삼오오 운동장 잔디에 누워 수다를 떨거나 함께 숙제를 하는 등 때 묻지 않은 이곳 학생들만의 감성이 살아 숨쉬었다. 그래서 그 마음 또한 꿈 많은 소년들의 것이라고 생각했기에 앞서 언급한 글쓰기 활동 결과에 나는 큰 충격을 받게 되었던 것 같다. 또한 요즘 학생들은 SNS를 통하여

직접 지도에 들어갈 내용을 쓰고 그리는 학생들

거리에 상관없이 다양한 친구를 사귀고 정보를 주고받는다. 우리 학교 학생들도 예외는 아니라 이를 통하여 여자 친구도 사귀고 싶어 하고, 다른 지역의 또래들은 어떻게 살아가고 있는지 궁금해한다. 하지만 학생들과 이런저런 대화를 하다 보니 자신들은 SNS 상에 살고 있는 지역을 웬만하면 공개하지 않는다고 하였다. 일단 상대방이 이 지역을 잘 모르는 것이 창피하고, 두 번째는 시골이라고 무시당하는 것 같아 기분이 언짢아지며, 탄광지역에 대한 선입견이 강한 것 같아서 괜한 오해나 동정(정확하게 이 단어를 사용하였다.) 같은 걸 받고 싶지 않다는 것이 이유였다. 나 또한 어릴 적 백일장이나 발표 대회에 나가면 다른 지역 학생들의 "그 학교는 어디에 있는 거냐?"는 질문이 그렇게도 싫었었다. 괜히 무시당하는 것 같아 귓불이 뜨거워졌던 기억이 아직도 생생하다. 물론, 자격지심이었다.

그래서 다른 지역 사람들이 일부러 찾아오게 만들 수 있는 우리 지역만의 장점을 담은 관광 지도를 제작하기로 하였고 학생들

관광지도 편집본

도 자신들의 상황에 과하게 감정이입되어 있는 선생님의 모습에 더 힘을 받았는지 우린 그렇게 몇 주에 걸쳐 직접 마을을 걸어 다니며 지도에 들어갈 내용을 수집하고 동네 어르신들을 만나 마을에 얽힌 이야기를 들어가며 관광 지도를 완성해 나갔다.

학생들은 학교로 들어서는 삼거리를 기준으로 마을을 세 구역으로 나누고 제일 먼 지점부터 삼거리까지 걸어오며 볼 수 있는 동네의 상점(먹거리, 놀거리, 구경거리)을 정리하고 도계 지역의 가볼 만한 곳과 관광지, 축제 등을 조사하여 관광 안내 지도에 들어갈 내용을 마련하였다. 또한 관광 지도의 표지와 지도, 캐릭터 등의 그림 작업을 직접 하였고 글씨도 직접 썼는데 나중에 지도를 편집하는 과정에서 학생들이 정말 정성껏 쓴 글씨이지만 가독성이 떨어지는 작은 글씨들은 컴퓨터 폰트로 대체하였다.

인쇄된 실제 지도와
모둠별 기념 사진

　이 과정에서 최대한 현실적인 지도의 형태를 갖추기 위해 실제 지도를 인쇄하여 따라 그리며 지도의 큰 틀을 완성하고 학생들은 고심을 거듭하며 모둠별 지도의 제목과 들어갈 그림 등을 수차례 수정했다.

　완성도 높은 지도를 인쇄하기 위해 여러 인쇄업체와 의논을 했는데 학생들의 그림을 최대한 살려 편집하고 소량을 인쇄하려는 업체는 별로 없었다. 다행히 학생들의 이러한 활동을 기특하게 여긴 인쇄소의 도움을 받아 학생들이 제작한 내용을 100% 살려 디자인을 완성하였고 모둠별로 100부씩 인쇄하게 되었다.

　학생들은 자신들이 한 학기동안 애쓴 보람이 고스란히 담겨있는 지도를 받고 무척 신기해했고 자신들이 그리고 쓴 내용이 이

관광지도를 배부하는 모습

렇게 멋진 인쇄물로 탄생한 것에 자부심을 느낀 모양이었다. 완성된 지도를 들고 주민자치센터, 경찰서, 기차역, 터미널, 주변 상점, 오일장 등을 돌며 주민들과 관공서 관계자들께 지도를 나눠 드리는 몸짓에는 흥이 넘쳐났다. 자랑스럽게 지도를 들고 공손하게 지도 제작의 취지를 설명하는 학생들의 모습에 나 또한 뿌듯함이 밀려왔다. 또한 주민들도 지역의 학생들이 도계 지역을 사랑하는 마음을 바탕으로 손수 제작한 지도를 받아보며 기특한 눈길로 학생들을 쓰다듬어 주었고 칭찬과 격려의 말도 잊지 않았다. 주민들이 힘들 텐데 먹으면서 하라고 챙겨준 간식도 우리 모두에겐 감동으로 돌아왔고 지금 생각해봐도 참 보람된 시간이었다. 다만 아쉬웠던 점은 기차역이나 버스 터미널에서 직접 도계지역을 방문하는 사람들에게 지도를 나눠주고 싶었는데 방학을 바로 앞두고 있어서 시간을 따로 내지는 못했다는 것이다.

아주 작은 변화도 감사한, 주제선택 수업

사실 의욕 하나만 가지고 앞뒤 살피지 않고 시작한 수업이었고, 참고할 수 있는 내용도 없었기 때문에 1주 차부터 17주 차가 끝날 때까지 매주가 고민과 불안의 연속이었다. 수업에는 철학이 있어야 하는데 나의 청소년기에 느꼈던 감정을 너무 학생들에게 이입하는 데에 그치고 있는 것은 아닌가, 학생들은 하기 싫은 활동을 억지로 하고 있는 건 아닌가 하는 걱정들과 외부 활동에 대한 부담도 많이 느꼈다.

하지만 수업의 주제가 매번 거창해야 하는 것은 아니며 학생들의 삶과 밀접한 관련이 있는 수업 주제가 가장 진정성이 있는 것이라는 소신이 틀리지 않았음을 학생들의 변화를 통해 확인할

수 있었다. 한 학기 동안의 수업으로 드라마틱한 생각의 변화를 기대하는 것은 당연히 무리지만 완성한 동네 지도를 사진으로 찍어 자신의 SNS에 게시한 한 학생의 모습만으로도 나는 큰 만족을 느낄 수 있었고, 학생들이 자신의 삶과 터전을 더 이상 결핍이라고 느끼지 않고 자부심을 가질 수 있게 되었다면, 그것이 아주 작은 변화라 할지라도 내 수업의 목표와 철학은 충분히 달성했다고 생각한다.

훗날, 이 학생들이 보관해 두었던 이 지도를 꺼내어 들고 함께했던 수업을 회상하며 이 시간을 통해 고향을 더욱 사랑하게 되고 한 뼘 성장하게 되었다고 돌아볼 수 있다면, 그 이상 나는 바랄 게 없다.

삶을 가꾸는
국어 수업

열네 살 인생, 꿈을 꾸다

학생의 삶을 가꾸고 마음을 돌보는 수업은 무엇일까?

학생의 호기심을 불러일으킬 수 있는 제재로 학생 중심 활동과 협력, 창의력을 바탕으로 단원의 성취기준을 도달할 수 있는 수업, 이왕이면 학생이 주인공이 되고 생생하게 움직일 수 있는 수업이 아닐까?

이 수업은 17차시 국어과 주제선택 수업으로 주체적인 해석과 감상을 학습 목표로 하는 단원이다. 성장 소설을 통해 청소년기 자아 형성과 성장통 등에 대해 공감해 보고 독후 활동으로 자신의 자서전 쓰기 활동을 기획하였다. 자서전은 지금까지의 삶을 다루기보다는 자신의 유년에 대해 추억해 보고 현재의 자신의 모습을 객관적으로 바라보고, 앞으로 자신의 미래와 진로에 대해 생각해 보는 것에 초점을 맞추었다. 이를 통해 단순한 문학작품 텍스트 감상에서 그치는 것이 아니라 자신의 삶과 연계하여 미래 자신의 꿈에 대하여 생각해 보는 계기가 되는 '삶을 가꾸는 국어 수업'을 지향하였다.

삶을 가꾸는 수업

최근 교육선진국들의 교육과 수업 이야기를 담은 책을 읽고, 특히 덴마크 교사들의 수업에 대한 근본적인 고민과 성찰을 들여다보며 많은 생각이 들었다. 그리고 '좋은 수업'을 이야기하기 전에 '학생의 삶에 대해 학교는 어떻게 정의하고 있는가?'를 먼저 고민하지 않을 수 없었다. 적어도 교사들은 학생의 현재를 어떻게 생각하는지. 학생은 입시를 준비하는 시기라고 생각한다면 입시가 학생의 삶이 될 것이고, 경쟁과 지식이 교실수업의 내용물이 될 것이다. 그러나 학생을 각각의 존엄한 삶을 살고 있는 주체로 생각한다면 교과 수업 제재와 주제는 학생의 관심, 호기심, 그리고 오늘의 삶을 반영한 수업이 되지 않을까?

학생들의 삶을 반영한, 삶을 가꾸는 수업의 의미는 무엇일까? '가꾸다'라는 말의 뜻을 찾아보면 -식물이나 그것을 보관하는 곳을 손질하고 보살피다-라는 의미이다. 그렇다. 수업과 평가라는 학

나의 이야기를 만드는 국어수업

교 안에 반영된 교육과정을 통해 우리는 학생들의 현재를 돌보고 보살펴야 하는 것이다. 그러나 치열한 경쟁구도와 입시라는 거대한 산 아래에서 수업을 통해 보살핌을 받기는커녕 경직된 수업과 경쟁의 나락에서 자아존중감은 위축되고 학생들의 영혼은 상처받고 있다.

정답만을 강요하며 모두가 같이 동굴 안에 비친 그림자를 현실로 오해하는 교육이 아니라, 배움의 과정에서 함께 소통하고 어우러지며 그 안에서 서로의 가능성과 잠재력을 키워주고, 너와 나모두가 이 세상의 소중한 존재라고 하는 가치로운 마음을 심고 키워주는 것. 학생들의 마음 밭을 아름답게 가꾸는 수업. 우리가 지향해야 할 길이 아닐까?

이 모든 것을 아우를 수 있는 수업과 교육과정이 지금 우리 현실에서 금방 실현될 수는 없을 것이다. 하지만 '내가 할 수 있는 일을 지금, 여기서, 시도한다.'는 마음으로 학생의 삶에 다가가는 수업을 위해 작은 것부터 실천하려고 한다.

삶에 다가가는 수업은 다름 아닌 내 교과, 단원, 주제, 재제에서 '학생들이 지금 관심 있는 주제는 무엇일까? 학생들은 지금 무엇을 고민하고 궁금해 할까?'를 끊임없이 묻는 것에서 출발한다고 생각한다. 교과서와 삶을 연결할 수 있는 연결고리로서 세상의 다양한 일을 수업 안으로 끌어들이고, 학생이 스스로 움직이고, 생각하고 표현하는 수업의 주인공이 될 수 있도록 다양한 시도를 해보는 것이 삶을 반영한 수업이지 않을까?

이전 학기 중학교 1학년 국어를 담당하며 교과서 단원과 성취기준을 확보해 두되, **최대한 학생의 관심과 삶을 담고자 교과서를 재구성하고 활동중심수업**을 진행하였고, 이 학생들이 직접 자신의 삶에 대한 자서전과 계획서를 쓰고 이를 학부모님과 공유한 수업을 나눠보고자 한다.

'나'의 이야기를 만드는 국어 수업

국어과 주제선택수업으로 소설을 읽고 자신을 돌아보는 자서전 쓰기 수업을 통해 학생들이 자신의 진로와 미래에 대해 자연스럽게 고민할 수 있도록 하는 수업을 만들고 싶었다. 교과서에 실린 성장소설을 감상하고 작품에 등장하는 또래의 성장통과 고민에 함께 공감하면서 자신의 삶과 가치관도 함께 돌아보는 것으로 독후 활동을 시작하였다. 문학 감상에서 그치는 것이 아니라 자신의 유년기를 추억해 보고 아울러 자신의 삶에 함께하는 가족, 친구들도 함께 돌아보며 나아가 앞으로 자신의 삶을 계획해 보고 꿈꾸어 보는 활동으로 이어지도록 하였다. 자서전 쓰기라는 형식의 작문 수업이지만 지금까지의 과거를 정리하고 업적을 기리는 자서전이 아니라 현재와 미래에 좀 더 초점을 맞추어 자신의 롤 모델, 미래 나의 모습 등을 구체적으로 계획해 보고 글로 쓸 수 있도록 지도 하였다. 그래서 자신의 삶과 연계하여 자신의 미래에 대해 생각해 볼 수 있는 주제선택 국어수업으로 기획해 보았다.

수업 전체 그려보기

자서전 쓰기라는 주제를 중심으로 국어, 진로가 연계한 수업이다. 국어과에서는 자신의 과거와 현재를 돌아보고 지금까지의 자신을 만든 요인에 대해 감사하고 성찰하는 글을 쓰는 활동을 하였다. 또한 자신의 장래 희망에 대해 소개하고 롤 모델을 조사하여 미래를 설계하도록 하였다. 이와 함께 사회과 융합으로는 인간의 사회적 지위와 성장 시기에 따른 사회적 역할에 대해 조사하고 사회 집단을 이해하는 수업을 동시에 진행하였다. 글쓰기를 모두 마친 후에는 자신의 미래 모습을 상상하여 타일에 직접 그림으로 그리고 오븐에 구워 완성하는 꿈타일 제작으로 수업을 마무리하였다.

주제	교과서 소설을 읽고 자신의 삶을 성찰하고 미래를 설계해보기 (진로 연계 활동 - 자서전 쓰기를 통해 자신의 삶을 성찰하고 미래 자신의 진로에 대해 탐구해 보기)	
차시	총 17차시	
활동	차시	학습내용 및 목표
문학 자서전 쓰기	1~12 차시	• 자서전의 특징 및 구성요소, 작성법을 배우고 자신의 자서전을 쓸 수 있다. • 자신의 성장 과정과 현재의 모습을 돌아보고 사진을 활용하여 나의 과거, 현재에 대해 성찰하는 글을 쓸 수 있다. • 자신이 준비하고 있는 미래(고등학교, 대학교, 희망 직업)에 대해서 자료를 준비하여 소개하는 글을 쓰고 롤 모델을 정하여 미래를 설계하는 글을 쓴다. • 학기말에 실시하는 '나만의 책 만들기'활동과 연계하여 자신이 쓴 자서전 활동지를 편집하여 자신이 만드는 책에 싣도록 한다.

주제선택 활동수업 흐름도

밀착! 수업 이야기 들여다보기

1) 선생님 주제선택 활동국어반은 뭐하는 수업인가요?

주제선택 활동자서전 쓰기의 첫 수업은 학생들이 글쓰기를 왜

해야 하는지, 특히 자서전이라는 장르를 통해 자아를 발견하고 미래를 계획하기 위해 어떤 과정과 방법을 통해 접근해야하는지에 대해 생각하고, 자서전 쓰기를 하는 활동의 의의를 내면화해야 하는 시간이기에 매우 중요하다. 글쓰기 수업은 다른 어떤 수업보다도 학생의 개인적이고 깊은 내면을 끌어내야 하는 수업이므로 글을 쓰고자 하는 동기 부여가 중요하다. 그런 의미에서 첫 수업에서는 자서전 이론을 장황하게 설명하기 보다는 자서전이라는 글의 장르 및 특징을 간단히 수업하고 이번 자서전 쓰기는 일반적인 기존의 과거와 업적 중심의 자서전이 아니라 자신의 과거를 돌아보고 미래를 계획하기 위한 하나의 자기 발견의 글이라는 것을 학생들이 인지할 수 있도록 해야 한다. 또한 자유학기제를 맞아 체

험 활동이나 동아리, 진로 탐색 활동 등을 통해 자신의 꿈을 발견하고 있는 학생들에게 자서전 쓰기 수업이 자신의 미래를 구체적으로 표현하고 정리하는 매우 유의미한 글쓰기임을 강조하고 글쓰기에 진지하게 임할 수 있도록 안내해야 한다.

자서전 쓰기 수업의 의미

"지금 1학년 2학기는 여러분이 한 학기 동안 시험이 없이 다양한 활동과 동아리, 예체능, 즐거운 수업 등을 통해 여러분의 꿈과 끼를 발견해 보는 시간이죠? 네, 바로 자유학기제를 보내고 있습니다. 여러분이 그 어느 때보다 '나의 꿈, 미래, 자아, 장래 희망'등의 단어들을 많이 접하고 실제로 자신을 발견하기 위해 노력하는 학기예요. 오늘부터 국어시간에 하는 자서전 쓰기 수업은 자유학기제 동안 여러분이 막연하게 생각했던 나의 과거, 현재, 미래에 대해 조금 더 구체적으로 생각해 보고 글로 표현하고 학기말에는 여러분의 책으로도 편찬할 거예요. 이번 자유학기를 보내고 있는 여러분에게 아주 의미 있는 활동이 되겠지요?"

여기서 잠깐!

자서전의 형식과 특징에 대해 지나치게 깊이 이론 수업을 하게 되면 학생들이 자서전을 쓰기도 전에 지레 글쓰기에 부담을 가질 수 있다. 자서전 이론과 글쓰기의 유의점은 꼭 짚고 넘어가야 할 중요한 사항만 언급하는 정도로 수업을 시작해야 한다.

생각 쑥! 역량 쑥! 교과연계 주제선택 수업

2) 나는 누구인가?

자서전 쓰기 수업은 실제 줄글로 자서전을 쓰는 분량은 A4 3~4매의 분량으로 대략 2차시에 걸쳐 수업하고, 사전 글쓰기 활동을 수업 시수에 더 많이 배분하였다. 이는 본 수업이 자서전 형식을 글을 쓰는 것도 중요하지만 글을 쓰는 전 과정을 아울러서 자신에게 스스로 관심을 갖고 자아를 발견하는 것이 궁극적인 수업의 목표이기 때문이다. 사전 활동은 총 4차시로 운영되고 첫 번째 파트로 '나를 발견하기' 활동을 운영하였다. 세부적으로 자신에 관한 다양한 질문지를 채우는 활동, 자신의 이름 뜻을 알고 다른 친구들의 이름 뜻을 서로 교환하여 질문 답변하는 활동, 자신에 관한 모든 것 마인드맵 그리기를 통해 브레인스토밍하는 활동으로 구성하였다.

'나를 알기' 활동

"오늘은 자서전 쓰기 활동의 첫 번째 시간으로 '나는 누구인가'라는 질문지를 채우며 자기 자신에 대해 알아가는 시간이에요. 학습지〈1〉에는 비교적 대답하기 쉬운 '자신의 성별, 가족'부터 조금은 고민해 보아야 하는 '나는 어떤 사람이 되고 싶은가, 미래 어떤 배우자를 만나고 싶은가' 등의 질문이 있어요. 아마 답을 쓰다보면 내가 나 스스로에 대해 이렇게 몰랐구나 하는 생각이 들것입니다. 이 활동을 통해 조금이나마 자신이 몰랐던 스스로의 모습에 대해 발견하며 자서전 쓰기를 위해 준비하는 시간을 가져보겠습니다."

여기서 잠깐!

자서전 쓰기 사전 활동 시간이 많은데 학생들에게 단순히 흥미, 놀이 위주의 시간이 아니라 '나'를 발견하기 위한 기초 작업임을 인지시키고 즐거운 분위기속에서도 진지함을 갖고 임할 수 있도록 안내해야 한다.

생각 쑥! 역량 쑥! 교과연계 주제선택 수업

"이번 활동은 자서전 쓰기 사전 활동의 마지막 시간입니다. 지금까지 활동했던 나 알기, 이름 알기, 마인드맵 등의 활동을 정리하며 지금까지의 나를 만들어준 것들을 생각해 보고 감사한 마음을 가져 보는 수업입니다. 자서전 쓰기의 '나의 과거'를 쓰는 파트에 이번 시간에 활동한 내용을 바탕으로 적으면 됩니다. 중학교 1학년 때까지의 내가 이 자리에 있기까지 어떤 경험을 했는지 어떤 고마운 손길이 있었는지 적어 보세요."

여기서 잠깐!

지금까지의 사전 활동이 이름 서로 알기, 마인드맵 그리기 등의 비교적 쉽고 활발한 분위기의 수업이었다면 글쓰기 사전 활동의 마지막 수업인 '내 인생 알기'는 학생들이 조금은 숙연한 분위기 안에서 활동할 수 있도록 한다. 자신의 지금까지의 모습을 만들어준 부모님, 가족에 대한 소중하고 감사한 마음을 갖고 자신의 과거를 짚어보는 시간이 될 수 있도록 한다. 아울러 다음 차시부터 있을 본격적인 자료 정리와 글쓰기 시간을 위한 진지한 분위기의 시작이라고 여겨야 한다. 또한 내 인생 알기 활동은 자서전 쓰기의 '나의 과거' 부분의 글의 소재로 들어가도록 지도한다.

3) 자서전 쓰기 도전!

지금까지 글쓰기를 위한 글감 결정, 자료 준비등의 내용 생성과 구성의 과정이었다면 5차시부터는 본격적으로 작문 활동에 들어가는 시간이다. 자서전의 사전적 정의는 실제로 있었던 일을 바탕으로 어떤 인물의 경험이나 업적 성품 등을 기록한 글이다. 주로 인물의 훌륭한 점을 중심으로 감동과 교훈을 주는 내용이 담겨 있다. 본 수업이 자서전 쓰기라는 타이틀로 이루어져 있지만 글을 쓰는 주체가 중학교 1학년 학생들이고 과거와 경험에 비중을 두기 보다는 현재와 미래를 중심으로 글을 쓰는 것이므로 정식 자서전의 개념과는 다르다는 것을 학생들에게 인지시켜 주어야 한다. 또한 형식면에 있어서도 일대기 형식이나 서사적 구성을 취한 글이기 보다는 소주제를 묶은 형식을 취한다. 이는 글을 전체적으로 쭉 이어서 쓰는 서사적 구성보다 학생들이 좀 더 쉽게 글쓰기에 접근할 수 있으면서도 사회과 융합 수업 내용의 생애 주기별 사회

생각 쑥! 역량 쑥! 교과연계 주제선택 수업

적 역할, 나의 인생 계획 등과 연계하여 학습할 수 있도록 구성하였다. 각 소주제는 '나의 과거, 나의 현재, 준비하고 있어요, 나의 롤모델, 소감'의 순서로 쓰도록 한다. 한창 사춘기 시기를 지나며 가치관 정립 과정에 있는 학생들에게 본 3차시의 글쓰기를 통해 건강한 자아를 형성을 할 수 있도록 글쓰기 중간 중간에 따뜻한 조언과 격려가 필요한 수업 차시이다.

과거 쓰기

이제부터 진짜 글쓰기!

"이번 시간부터는 본격적으로 글을 쓰는 시간입니다. 지난 시간까지 자서전 쓰기 준비를 위해 '나'에 대해 알아보는 여러 가지 활동을 했어요. 생각보다 내가 나 자신에 대해 잘 모르고 있다고 여겨지는 친구들이 많을 거예요. 자서전 쓰기는 본래 업적이나 훌륭한 점을 중심으로 일대기적, 서사적으로 쓰는 글이죠? 태어났을 때부터 죽을 때까지를 시간의 순서대로 쓴다는 말이에요. 그러나 우리가 쓰는 자서전은 조금 다르지요. 과거, 현재, 미래를 나누어서 쓸 거예요. 그리고 글을 쓰는 양식도 조금 달라요. 이번 시간은 먼저 자신의 과거에 대해 써봅니다. 준비물이 있었지요? 여러분의 어린 시절 사진을 붙이고 그때의 에피소드를 중심으로 과거 부분을 적어 봅니다."

본 자서전 쓰기 수업은 주제도 각 파트로 나뉘어져 있고, 파트별로 글을 쓰는 형식도 조금씩 다르게 하였다. 과거 부분은 줄글로 쓸 경우 학생들이 특별한 자신의 유년 시절에 대하여 글 감을 찾지 못하는 경우가 많다. 유치원 초등학교를 졸업한 경험을 특색이나 구체성 없이 적 는 것을 방지하기 위해 과거 부분은 자신의 어렸을 적 사진을 준비해 사진을 찍을 당시 경험 이나 에피소드를 중심으로 적도록 하였다. 이는 학생들이 서로의 어린 시절 사진을 보며 매우 흥미 있어 하고 작문에 좀 더 쉽게 다가갈 수 있게 해준다. 단, 학생들의 어린 시절 사진은 귀 중한 것이므로 직접 사진을 잘라 오려붙이기 보다는 사진을 복사해 주어 복사본을 붙이게 해 주면 좋다. 그러나 이 자서전 쓰기를 학년말에 나만의 책 만들기에 넣고 자신이 책을 직접 소 장할 것이므로 원본을 쓸 사람은 사용해도 된다는 것을 안내해준다.

나의 현재 부분 쓰기

자서전 쓰기 수업의 의미

"두 번째 시간은 나의 현재 쓰기입니다. 지금의 나를 객관적으로 바라본다는 것이 참 쉽지 않은 일이지요? 과거 부분을 쓸 때는 사진을 중심으로 그 때의 경험과 에피소드를 쓰는 형식이어서 글쓰기가 어렵지 않았을 거예요. 현재 부분을 쓸 때는 우리가 지난 시간에 했던 학습지 〈2〉, 〈3〉을 활용하면 됩니다. 자신의 성격, 지금 내가 몰두하고 있는 일을 소개해도 좋아요. 또는 중학교에 입학해서 어떤 생활을 하고 있는지 써도 좋겠지요.

현재 부분은 학생들이 가장 쓰기 어려워하는 부분이다. 사전 활동지 2, 3의 나를 소개하는 부 분을 개조식으로 쓰거나 현재 중학교 생활하며 느낀 점이나 경험을 수필식으로 쓰는 방식 등 자유로운 형식으로 쓸 수 있도록 한다.

생각 쑥! 역량 쑥! 교과연계 주제선택 수업

나의 미래 - 준비하고 있어요, 나의 롤 모델 쓰기

자서전 쓰기 수업의 의미

"자서전 쓰기의 마지막 시간이면서도 가장 중요한 쓰기 부분입니다. 여러분의 미래를 써보는 것인데요. 다른 자서전에는 없는 부분이기도 하죠. 여러분이 지금 자유학기제를 지내면서 많이 고민해 보고 있는 나의 미래 모습을 구체적으로 표현하는 시간이에요. 진로 시간에 했던 나의 롤 모델 찾기 활동도 글로 함께 써봅니다. 먼저 '준비하고 있어요'는 자신의 꿈이나 희망 직업을 막연하게 쓰는 것이 아니라 그것을 이루기 위해 내가 지금부터 어떻게 구체적으로 준비해야 하는지를 써보는 것입니다. 그리고 롤 모델은 자신의 기준으로 보았을 때 성공한 사람, 본받고 싶고 존경하는 사람을 선정하여 그분의 삶에 대해 써보는 부분입니다."

여기서 잠깐!

이 부분은 본 자서전 쓰기 수업에서 가장 중요한 차시라고 할 수 있다. 진로 시간에 '미래 희망 직업, 자신의 롤 모델 찾기' 수업 활동한 내용을 바탕으로 글로 쓰게 한다.

4) 친구들과 함께 공유하기!

자서전 쓰기의 마지막 시간으로서 소감 쓰기와 발표, 평가 시간이다. 먼저 본인의 글을 평가 항목에 따라 평가하고 자서전 쓰기 활동을 마친 소감을 쓴다. 그리고 모둠별로 서로 돌려 읽어가며 상호평가하고 모둠에서 가장 높은 점수를 받은 작품을 학급 전체에서 발표하며 공유한다. 시간의 여유가 있으면 전체 학생이 발표를 해보는 것도 의미있으나 대부분 글을 쓴 형식이 비슷하기 때문에 자칫 지루해질 수가 있다. 또한 상호평가 면에서도 한 학생인 30여 명의 전체 작품을 평가하는 것은 무리이고 모둠원 4~5명 글을 평가하는 것이 적절하다. 소감 쓰기와 발표까지 마치면 학부모 평가를 한다. 자서전 쓰기의 내용이 자신의 삶, 미래, 가족에 대한 글이므로 학부모와 공유하는 것이 매우 유의미하다. 학부모 평가지를 학생 편에 전달하고, 학부모 평가는 정의적 평가에 비중을 두어 자녀의 글을 읽고 느낀 점, 함께 나눈 대화 내용 등을 적게 한다. 이로써 자연스럽게 자녀의 현재 고민이나 꿈에 대해 대화하고 부모와 자녀간의 소통의 시간이 될 수 있도록 한다.

내 친구의 자서전 함께 읽기!

"오늘은 우리가 쓴 자서전을 스스로 평가해보고 친구들의 작품도 읽어보며 서로의 생각을 공유하는 시간입니다. 먼저 자서전 쓰기 학습지 맨 마지막 장에 있는 소감문 쓰기에 본 활동을 하며 새롭게 든 생각이나 느낀 점을 쓰세요. 그리고 자기 평가지에 있는 항목에 따라 자신의 글을 스스로 평가해 봅니다. 그리고 모둠끼리 서로 돌려가며 읽고, 상호평가지에 따라 평가해 봅니다. 이때 객관적인 태도를 유지해야겠지요? 그리고 모둠에서 가장 점수가 높은 친구의 작품을 뽑아 전체 앞에서 발표해 보겠습니다. 그리고 이번 활동이 다 끝나면 이 자서전을 부모님이나 가족, 어른께 보여드리고 평가지를 받아올 겁니다. 이번 계기로 부모님과 자신의 고민이나 미래에 대해 함께 이야기를 나누어 보면 좋을 것 같습니다."

여기서 잠깐!

스마트폰 등을 활용하여 칠판 전체에 학생 학습지를 확대하여 비출 수 있어서 학생 발표 시 이를 적극 활용한다. 특히 자서전에서 과거 부분의 어린 시절 사진 등은 친구들과 함께 보며 발표를 들을 때 더욱 흥미 있어 하고 집중도도 높아진다.

5) 내가 쓴 자서전, 예술작품을 만들어 보자!

1년 동안 국어 수업시간에 한 활동들을 마무리하며 자신의 포트폴리오 작품집인 책을 만들어 보는 활동이다. 본 수업시간에 한 자서전뿐만 아니라 국어 시간에 한 학습 활동의 내용을 모두 아우를 수 있다. 문학 단원에서 한 패러디 시 쓰기, 독후 감상문 등을 비롯하여 논설이나 사설, 간단한 에세이 등 자신이 한 학기 동안 쓴 글을 모두 모아 편집하는 형식이다. 책 제본은 탁상 달력(스프링 달력)을 활용한다. 달력의 밑 부분을 자르면 한 권의 완성된 책

형태가 되고 각 장에 종이를 붙여 책을 만드는 형식이다.

자서전 쓰기 수업의 의미

"드디어 이제 1학년이 끝나가네요. 한 학기 동안의 자신이 쓴 글, 국어 생각 공책의 흔적, 자신의 1학년을 돌아보고 2학년을 계획하는 글들을 모아 나만의 책을 만들어 봅시다. 준비물은 탁상용 달력과 자신이 쓴 글(자서전, 생각노트. 자작시 등), 사진입니다. 먼저 탁상용 달력의 밑 부분을 잘라 책 모양을 만듭니다. 달력만으로도 이미 멋진 책 한 권의 틀이 나오지요? 총 24P(페이지)를 기준으로 각 페이지에 어떤 내용, 사진 등이 들어갈 것인지 구상합니다. 각 장의 디자인을 구성합니다. 색지, 색상지, 색 한지 등을 활용합니다. 전체적인 페이지를 꾸민 후에는 책을 예쁘게 꾸밉니다. 마지막으로 매우 중요한 책 표지를 만듭니다. 나만의 책 제목을 정하고 표지 이미지 구성하고 표지를 디자인 합니다. 그럼 어떤 내용을 실을 것인가가 중요하지요? 자서전, 자기가 쓴 시, 시 감상 등 한 학기 동안 활동한 국어 생각공책의 내용을 주로 활용합니다."

여기서 잠깐!

탁상용 달력을 책으로 만드는 기본 제본 과정은 생각보다 시간이 많이 걸린다. 학생들이 이 부분에 지나치게 많은 시간을 할애하지 않도록 안내해야 한다.

생각 쑥! 역량 쑥! 교과연계 주제선택 수업

수업 그 후 이야기

학생들이 특정 주제를 잡고 글을 쓰고 자신이 직접 평가, 퇴고하기까지의 전체적인 작문 과정은 수업 시간 1, 2차시로는 턱도 없이 부족한 시간이다. 평소 정기고사 준비나 진도 나가기에 밀려 작문 수업이 내실 있게 운영되기가 어려운 것이 중·고등학교 국어 수업의 현실이다. 창의력과 논리력을 중심으로 자신을 표현하는 역량을 길러 주는 작문 수업은 그 중요성은 인식하고 있으나 쉽게 하기 어려운 영역 중 하나였던 것이다.

그러나 자유학기제를 하면서 교과서의 핵심성취기준으로 교육 과정을 선별하여 학생 활동 중심 수업으로 전반적으로 여유 있게 수업 시간을 운용할 수 있었다. 그래서 수행평가 등으로 형식적으로 운영되었던 글쓰기 교육을 위해 집중적인 수업 시간 배분과 활동을 할 수 있어서 좋았다.

또한 본 수업의 경우 주제선택 활동을 통해 학생들이 자유학기제 동안에 자주 접하는 '자신의 미래, 롤 모델, 나의 삶, 장래 희망' 등의 소재들을 통괄적으로 아울러서 자신의 과거부터 현재, 미래를 내다보며 글로 표현할 수 있는 활동이었기에 자유학기제 수업으로서의 색깔도 분명한 수업이었다. 또한 학생들이 자서전 쓰기라는 주제에도 많은 흥미를 느꼈고, 실생활 및 자신의 삶과 밀접한 소재로 글을 쓰는 것이기에 수업 몰입도가 매우 높았다. 또한 최종 쓰기 과정을 마치고 친구들의 발표를 들으며 서로에게 관심을 갖고 함께 서로의 꿈을 응원하고 격려해 주는 내면화로도 이어져 매우 뜻 깊은 수업이었다.

그러나 몇몇 학생의 경우 주제를 아무리 구체적으로 잡아 주어도 기본적으로 작문의 문장 실력이 아주 낮은 학생들이 글쓰기를 힘들어하여 수업에 어려움이 있었다. 또한 쓰기에 대한 학생들의 두려움이나 낯설음이 수업 초반에 있었는데 주제를 구체적으로 좁혀가고 자서전 쓰기를 위한 세부적인 소주제 활동으로 나누어 수업하니 글쓰기의 막막함을 줄여나갈 수 있었다.

다음은 자서전 쓰기의 평가이다. 본 수업에서는 무엇보다 학생 자신이 스스로 자신의 글을 평가하는 것이 중요하였다. 작문 주제가 '자기 자신'인 만큼 글을 쓰고 퇴고하고 반성하는 것 자체도 이 수업의 주제인 자신의 삶을 돌아보고 미래를 계획하는 과정의 하나로 생각하였다. 또한 친구들이 쓴 글을 읽으며 자연스럽게 퇴고와 교정 방법을 익히는 평가가 될 수 있도록 하였다.

자서전 쓰기 수업의 마지막 평가는 학부모 평가로 이어지도록 하였다. 학생들이 쓴 글과 평가지를 동봉하여 가정으로 보내고 자녀의 글을 평가할 수 있도록 하였다. 또한 부모님들이 자녀가 쓴 자서전을 읽으며 자녀의 진로와 고민 등에 대해 자연스럽게 대화를 나누고 이를 통해 부모와 자녀간의 소통의 통로로 이어질 수 있도록 하였다.

자서전 쓰기 수업을 포함한 자유학기제 수업은 하나의 주제에 대해 깊이 있게 접근하고 여유로운 시간 분배를 통해 활동 중심의 수업으로 진행하다보니 학생들의 반응은 대체로 긍정적이었다. 무엇보다 모둠별 활동이나 협력학습의 경우 친구들과 수업을 통해 상호 소통한다는 것에 새로우면서도 만족스러워 하였다. 본 수업은 학생들이 진지하게 자기 자신을 돌아보는 계기가 되어 매우 의미있었다는 반응이 많았다.

학부모들은 자녀가 어릴 적 사진을 붙이고 에피소드를 쓴 부분과 진지하게 자신의 미래에 대해 고민한 흔적 등이 나타난 자녀의 자서전을 보고 매우 감동스러워 하였으며 자녀가 이렇게 진지하게 자신의 삶을 계획하고 있는지 몰랐다는 반응도 있었다. 전체적으로 이번 학기 자유학기제 국어 수업 중 학부모님들의 만족도와 호응이 가장 높은 수업이었던 것 같다.

〈에필로그〉
지금을 살고 있는 학생, 삶의 주체로 만드는 수업

내가 생각하는 삶을 위한 수업은 거창한 것이 아니다.

학생의 호기심을 불러일으킬 수 있는 제재로 학생 중심 활동과 협력, 창의력을 바탕으로 단원의 성취기준을 도달할 수 있는 수업, 이왕이면 학생이 주인공이 되고 생생하게 움직일 수 있는 수업, 이것이 내가 생각하는 삶을 가꾸는 수업이라고 생각한다.

헨리 지루가 저서《교사는 지성인이다》에서 말한 것처럼 교사들은 경험, 특히 학생의 삶에 희망과 가능성을 주는 다양한 경험을 통해 학생들이 스스로 자신의 삶을 되돌아보게 하는 수업으로 안내해야 한다. 즉 학생들이 이러한 성찰적 수업과 교육과정을 통해 자기를 사랑하고 그 힘으로 타인을 사랑하도록 도와주는 것. 그래서 결국 '함께' 행복한 삶을 살아갈 수 있도록 북돋아 주기 위한 수업. 이것이 교육과정재구성의 목적, 그리고 '삶을 가꾸어주는 수업'이라고 생각한다.

학생들이 관심을 갖고 있는 주제로 수업을 시작하자. 모든 학생들에게는 좋아하는 그 무엇인가가 있다. 학생들에게 지금 무엇에 열정을 쏟고 있는지 먼저 묻는 교사가 되어보는 것은 어떨까.

참고자료

- 자유학기제 운영 학교 교사 워크숍[2차 국어과] 자료집(서울 잠실중학교 김선희 선생님 자료)
- 전국국어교사 모임 홈페이지(www.naramal.or.kr) – 중등 수업 자료실 – 1084번 게시 글 참고

생각 쑥! 역량 쑥! 교과연계 주제선택 수업

03

중학생도
그림책이 좋다

생각의 힘을 기르는 그림책 독서

우리는 현재 4차 산업 혁명과 인공지능의 시대로 가는 길 위에 서 있다. 이런 급변하는 시대의 학생들은 자신들의 미래를 위해 어떤 꿈을 꾸어야 할까? 또 학교는 그 학생들을 위해 어떤 것을 가르쳐주어야 할까?

분명한 것은 교실은 민주적이어야 하고, 배움은 삶에 기반해야 하며, 교실은 재미있어야 한다는 것이다. 이러한 것들을 가장 효과적으로 일어나게 하는 수업 방법으로 선택한 것이 그림책 독서 활동이다. 그림책이 재미있는 것은 단지 책 내용이나 그림만 재미있어서가 아니라 그림책을 통해 상상의 나래를 펼칠 수 있기 때문이다. 여러 가지 주제의 다양한 그림책 독서 활동을 하면서 학생들은 민주주의의 가치를 배우고, 세상에 대한 따뜻한 눈을 가지게 된다. 그리고 미래를 상상하며 꿈꿀 수 있다.

왜 그림책인가?

요즘 학생들은 어려운 영어 단어나 문장은 술술 말하고 쓴다. 중학교 3년, 고등학교 3년 총 6년의 영어 교육을 받고도 외국인을 만나면 겁부터 나는 우리와는 차원이 다르다고 느껴진다. 그런데 그런 학생들이 영어 이외의 수업 시간에는 질문의 수준이 자못 의심스럽다. 아주 간단하고 기본적인 우리 말 어휘의 뜻이나 본인 스스로 결정해도 아무 문제가 생기지 않는 상황에 대한 판단을 묻는 경우가 많다는 말이다.

"관용이 무슨 뜻이에요?", "베개를 어떻게 써야 하나요?", "가로로 할까요? 세로로 할까요?", "제목은 어디에 쓸까요?" 등등 모든 질문에 넘치는 친절을 베풀기에는 질문이라는 것들이 정말 어이가 없을 때가 많다.

무엇이 문제일까? 외국인과 영어로 대화가 가능한 이 학생들은 과연 똑똑한 것이 맞는가?

깊게 고민한 결과, 두 손을 핸드폰에 빼앗겨 변변히 독서를 하지 않은 탓이고, 학원에 다니며 주어진 공부에 익숙해 스스로 판단하고 멋대로 상상하는 것이 서툰 탓이라는 것이 나름의 판단이다.

학생들에게 책을 읽히고, 읽은 책으로 재미있는 활동을 하고 싶었고. 학생들과 의미 있는 대화가 오가는 수업을 하고 싶었다. "한바탕 신나게 떠들고 놀았더니 공부가 되더라" 이런 말을 듣고 싶었던 것이다.

자유학기제 주제선택 활동은 이런 욕구를 충족시켜 줄 수 있는 좋은 기회였다. 그래서 시도한 것이 그림책 독서 활동이었는데, 독서하는 학생들을 기대하던 내가 중학생 권장도서 목록에 줄줄이 나열되어 있는 온갖 훌륭한 줄글 책들을 밀고 그림책을 선택하게 된 것도 나름의 이유가 있다.

평소 책보다 휴대폰과 동영상이 익숙한 학생들이 처음부터 글밥이 많은 줄글 책을 읽어 내는데 무리가 있다는 생각이 첫 번째 이유이다. 대부분의 그림책은 글 밥이 적어 쉽게 읽을 수 있다. 아무리 초등학생보다도 못한 독서력을 가진 학생이라도 그림책은 쉽게 읽고 다양한 생각을 하며 그 생각들을 활동에 녹여내곤 한다. 물론 그림책을 아가들이나 읽는 책쯤으로 생각하는 허세가 넘치는 학생들도 몇몇 있다. 하지만 이 학생들도 독서 전 활동 한두 가지면 금방 그림책의 내용을 궁금해 하며 활동에 덥석 들어오곤

한다. 또한 그림책은 미리 읽어 올 필요가 없다. 보통 독서 활동을 하려면 책을 읽어 와야 하는데 줄글 책은 아무리 읽어오라고 신신당부를 해도 읽어오지 않는 학생들이 몇 명씩 있게 마련인데, 그림책은 절대 책장을 넘기지 말라고 신신당부를 해도 들춰보고 싶어 한다. 이런 청개구리 같은 심리라니….

그림책을 선택한 두 번째 이유는 그림책이 단순한 유아용 도서가 아닌 그림으로 다양한 이야기가 가능한 제재이며 무척 매력적인 제재라는 것이다. 그림책은 종류도 너무나 다양하여 그림책만 잘 선정하면 어떤 교과와 단원, 수업 주제에도 적용이 가능한데다가 주제나 내용을 수업과 맞지 않는 것으로 잘못 골라도 해될 것이 없는 청정한 도구이다. 심지어 그림책 중에는 글이 아예 없는 책도 있다. 물론 이런 그림만 있는 그림책을 아직 내 수업 중에 활용하지는 않았지만 이렇게 그림책은 무궁무진하게 생각거리를 주는 아주 좋은 제재인 것이다.

나는 교과 수업 시간에도 한 학기에 한 권씩 교과 내용과 관련한 주제의 그림책 수업을 하긴 했으나 다양한 주제를 깊이 있게 다루기에는 수업 시수와 같은 현실적 어려움이 많아 늘 아쉬웠다. 하지만 자유학기제 주제선택 활동은 1학기의 긴 호흡으로 진행할 수 있는 수업이라 나의 관심 범위 안에 머물며 늘 아쉬움을 갖게 하던 생태와 환경 문제, 가족, 자아정체성 등을 다루고 있는 그림책들을 선정하여 한 학기 내내 정말 다양한 활동과 많은 이야기를 할 수 있었다. 글의 양이 적고 그림이 많은 제재인 그림책이 아니고서는 주당 2시간, 총 17주의 제한된 시간 동안 이렇게 다양한 주제와 분야의 활동과 이야기가 가능할까 싶다. 교사들은 정도의 차이는 있지만 설명병이 있다. 텍스트에 집착하는 경향도 있다. 그림책은 긴 설명이 없어도, 많은 글자가 아니어도 얼마든 많은 내용을 담을 수 있다. 크기는 작아도 영양가가 풍부한 우유나 달걀 같은 존재라고나 할까? 우리의 수업이 그림책과 같아야 하지 않을까 생각해본다.

그림책의 선택은 나름 신의 한수인 것 같다. 교사 연구회 활동으로 그림책 독서를 접하고 꾸준히 공부해온 것이 자유학년제를 통해 적용해 보려는 나의 큰 그림이 아니었나 싶은 생각이 들 정도였다. 새로운 수업을 준비하고 실천해보는 일은 교사로서 최고의 즐거움이 아니던가!

그림책으로 무엇을 할 수 있을까?

'어린이'라는 말과 가장 가까운 그 무엇이 있다면 아마도 '그림책'이 아닐까 생각한다. 1980년대부터 한 걸음씩 앞으로 나아가기 시작한 그림책이 1990년대의 힘들고 어려운 시기에도 성큼 발전한 과정을 보면 더욱 그렇게 여겨진다.

이러한 어린이 문학의 확산과 더불어 그림책에 대한 인식의 변화는 자연스럽게 중고등학교 현장에서도 받아들이게 되었고,

그림책을 연구하는 선생님들의 모임에서부터 활용되기 시작하여 그림책으로 독서-토론-글쓰기를 융합하는 수업을 진행하는 단계에까지 이르게 되었다.

그림책은 흔히 유아용 도서라고 생각한다. 어떤 측면에서는 그렇기도 하지만 그림책을 조금이라도 가까이 해 보면 얼마나 많은 의미들을 담고 있는지 감탄하게 된다. 바로 이런 점에서 그림책은 초등학생뿐만 아니라 중고등학생들의 독서 토론 교재로 충분하다. 그림책에 대한 호감으로부터 독서하는 시민이 되고 어른이 되어서도 책을 손에서 놓지 않게 될 것을 기대한다. 더 나아가서 여럿이 함께 읽고 생각하고 행동하는 것은 민주주의의 토대를 마련할 수 있는 탁월한 방법이 될 것이라 믿는다.

그림책을 활용한 독서 토론은 학습자가 주체가 되어 그림책을 읽고 직접 질문을 만들어 그 질문에 대한 서로의 생각을 나누는 여러 가지 토론 방법이다. 모든 학생이 한 권의 그림책을 함께 읽고 토론을 하거나 깊이 있는 대화를 나눌 수 있는 수업 방법이기도 하다. 그리하여 학생들은 책에 대한 깊은 이해와 탐구 능력, 추론 능력 등 다양한 사고력을 기를 수 있다.

그렇다면 우리는 그림책 독서 토론을 통하여 무엇을 할 수 있을까?

첫째, 그림책은 내용이 어렵지 않은 경우가 대부분이어서 학생들이 쉽게 토론 활동에 참여할 수 있다. 토론을 어려워하는 학생들은 토론 내용이 너무 어려워서 엄두가 나지 않는다는 이야기를 하곤 한다. 그러나 그림책은 어린 학생부터 노인에 이르기까지 누구나 공감할 수 있는 소재와 내용으로 이루어졌기 때문에 자연스럽게 알고 있는 이야기를 시작할 수 있다.

둘째, 학생 활동 중심 수업으로 진행되기 때문에 능동적인 학습을 전개할 수 있다. 그림책의 내용을 예측하고, 토론할 질문을 만들며, 새로운 이야기를 만드는 등 지적인 호기심과 자기 주장을 표현하는 의사소통 능력을 기를 수 있다.

셋째, 다른 친구들과 생각을 공유하고 나눔으로써 자신의 가치관을 다시 한 번 점검할 수 있다. 대부분의 그림책은 사랑, 평화, 자유, 가정 등 중요한 삶의 가치를 정한다. 따라서 학생들은 그림

책 학습 활동을 통해 현재 자신이 가지고 있는 가치관이 무엇이며 왜 그러한 생각을 하게 되었는지를 발견할 수 있다.

넷째, 수업 시간 안에 한 권의 책을 함께 읽고 토론 활동을 할 수 있다. 일반적으로 그림책 한 권으로 두세 가지의 협력 토론을 적용하여 4차시 정도의 시간을 들이면 책 한 권 읽기와 토론 수업을 완료할 수 있다.

다섯째, 융합 수업 내지는 주제 통합 수업의 텍스트로서 중요한 역할을 할 수 있다. 그림책 한 권에는 많은 사실, 정보, 가치, 주제가 결합되어 있어서 앎과 삶이 분절되지 않은 교육과정을 구현해 내는 데에 중요한 역할을 한다.

실제 수업은!

자유학기제 주제선택 활동은 보통 17주를 기준으로 진행되므로 나의 〈말랑말랑 그림책 독서〉반의 활동도 17주의 구성으로 계획되었고, 학사일정과 학생들의 상황에 따라 사소한 변화가 생기기도 하였지만 대체로 충실하게 진행되었다.

한 학기 동안 전부 7종의 그림책을 읽고 활동을 하였는데 각각의 책은 모둠별로 1명 당 종류별로 5권이 필요했다.

처음 교사 연구회에서 관심 있는 선생님들과 그림책 독서 활동을 연구하면서 수업에 적용할 때를 생각하고 사 모았던 책들이 있어 이미 가지고 있던 책 중 4종류를 선정하였고, 학교 도서관 예산으로 1종류, 개인적으로 2종류를 더 구입하여 사용하였다.

그림책을 살 때는 늘 8권씩 구입을 했고 그렇게 알음알음 사 모은 책들이 어느 사이 20종이 모여 있다. 책꽂이에 8권씩 나란히 서 있는 20종의 그림책들을 보면 언제든 걱정 없이 책을 골라 수 업할 수 있다는 생각에 부자가 된 기분이다. 실제로 그림책을 활 용한 여러 캠프나 교사 연수를 할 때 여러 도서관을 돌며 권수를 맞추는 수고로움 없이 편하게 잘 쓰고 있고, 나에게 그림책을 빌 려 수업에 활용한 선생님들도 계시니 너그러운 초미니 도서관이 라고 해도 되려나?

한 학기 주제선택 활동에 사용한 7종의 책 중 첫 번째로 사용 한 《투발루에게 수영을 가르칠 걸 그랬어》의 활동을 중심으로 소 개를 해보려고 하며, 나머지 6종의 책도 구체적인 활동 내용은 조 금씩 다르지만 전체적인 진행의 흐름은 크게 다르지 않았다.

그림책 독서 활동은 크게 독서 전 활동, 독서 활동, 독서 후 활 동으로 진행된다.

《투발루에게 수영을 가르칠 걸 그랬어》는 지구 온난화로 인해 가라앉는 섬 투발루와 이로 인해 섬을 떠나야 하는 사람들의 아픔 을 다룬 환경 도서이다.

독서 전 활동

책 내용 예측하기

독서 전 활동은 책에 대한 흥미를 유발하고, 책을 자세하게 들여다볼 수 있는 준비 활동으로 책 내용 예측하기는 앞표지만 보고 책의 내용을 추측하는 활동이다.

그림책은 앞뒤의 표지에도 책 내용과 관련한 많은 이야기들을 담고 있어 책표지는 독서 전 활동으로 사용할 수 있는 최고의 도구이다. 평소 담임 선생님이 주신 가정통신문도 대충 읽거나, 아예 읽지 않고 가방이나 사물함에 방치하는 학생들이지만 그림책은 절대 열어보지 말라고 신신당부를 해도 굳이 들춰보고 싶어 한다. 그래서 책은 나누어 주지 않고 표지만 따로 스캔한 후 코팅해 모둠별로 한 장씩 나누어 주었다. 그리고 모둠원들과 토론을 통해 책 내용을 열 가지씩 예측하여 쓰고 발표하게 했다. 투발루섬에 관한 사전 지식이 있는 학생들은 가라앉는 섬 투발루와 책 제목 간의 연관성을 두고 제법 그럴 듯한 추측을 하기도 하지만 대부분의 학생들은 "투발루는 고양이를 키우는 부족의 사람일 것이다", "주인이 위험에 빠져 고양이 투발루가 구해주는 내용일 것이다"와 같이 재미있고 기발한 내용을 예측했다.

지우개 지우기

두 번째 독서 전 활동은 지우개 지우기이다. 책의 내용을 모르는 상태에서 진행되므로 이 활동 역시 책의 내용을 추측하는 활동이지만 정답에 대한 열망으로 다른 어떤 독서 전 활동보다 적극적이고 치열하다.

책의 내용에 따라 4×4 또는 5×4의 빈 칸을 마련하고 여기에 이 책에 있는 단어 12개 또는 15개와 책에 없는 단어 4개 또는 5개를 골고루 섞어 적어 놓고 이 책에 나오지 않을 단어 4~5개를 예측하여 지우도록 한다. 이 단어들은 그림책 흐름의 힌트를 제공하는 역할을 한다. 학생들은 아직 그림책의 내용을 확인하지 못했으므로 오로지 책의 표지를 보고 난 후 상상력에 의해서만 단어를

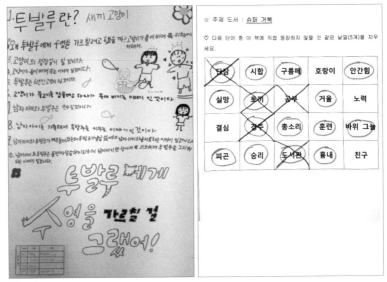

내용 예측하기   지우개 지우기

예측하게 되어 정확한 단어를 찾아내는 것은 무척 어려운 일이다. 하지만 이 과정을 통해 그림책의 내용에 좀 더 가깝게 다가갈 수 있는 것이다. 내용을 안다는 것은 생각을 만들어내고 말을 할 수 있는 기반을 닦는다는 뜻이 되기도 한다. 지우개 지우기의 결과는 독서 전 활동을 마치고 책 읽기 활동을 하면서 확인하도록 한다. 지우개 지우기 활동을 위해서는 사전에 미리 단어 활동지를 만들어두어야 한다.

수업 계획에서 볼 수 있듯이 독서 전 활동도 여러 가지가 있지만, 이 책의 경우에는 내용 예측하기 활동이 흥미 유발 효과가 크고 재미있는 추측들이 오갔다. 독서 전 활동은 수업 시간에 따라 종류와 수를 조절할 수 있다.

독서활동

전기수 읽기

책 읽기도 교사가 읽어주기, 모둠원들이 한 쪽씩 돌아가며 읽기, 틀리면 다른 사람이 이어 읽기 등 여러 가지가 있다. 하지만 나는 전기수 읽기의 방법을 주로 사용한다.

전기수는 예전에 사람이 많이 모이는 곳에 자리를 잡고 이야기책을 전문적으로 그리고 실감나게 읽어주며 돈을 받던 사람을 부르는 말이다.

모둠마다 한 권씩 책을 나누어주고, 모둠별 대표 학생 한 명이

전기수 읽기

전기수가 되어 다른 모둠원에게 책을 읽어주는 방법이다. 이때 듣는 학생들에게 이야기는 귀로 듣고, 눈은 그림을 보라고 일러주어야 한다. 사람은 누군가가 이야기할 때 글자가 보이면 본능적으로 글자를 읽으려는 경향이 있어 경청이 잘 안 되거나 그림을 잘 보지 못할 수 있기 때문이다.

책을 읽어주는 역할을 맡은 학생들은 제법 재미있고 실감 나게 읽으려고 애를 쓰고, 내용 예측하기를 통해 내용을 추측한 학생들은 자신들이 추측한 내용이 얼마나 맞았는지가 궁금해 초집중해서 듣는다. 이쯤이면 그림책을 유아들이 보는 책쯤으로 생각하는 아주 소수의 허세남들도 그림책에 집중하게 된다.

소감 나누기

책읽기가 끝나고 소감 나누기 활동을 한다. 소감 나누기는 15자 소감, 20자 소감처럼 글자 수를 정해주는데 이렇게 하지 않으면 "재미있었다"를 넘지 못하는 경우가 태반이다. 하지만 글자 수를 정해주는 순간 학생들은 글자 수를 맞추기 위해 치열하게 두뇌 회로를 가동해야만 한다.

15자 또는 20자 소감은 예쁜 접착식 메모지를 주고 메모지에 쓰게 한 후 4절 색지에 모아 붙이게 한다. 시간이 넉넉하면 큰 소리로 쓴 내용을 읽은 후 붙이도록 할 수도 있다.

그림책은 말랑말랑한 제재이고, 학생들은 메모지도 취향껏 고르고 싶어 한다. 마음에 드는 메모지를 고르고 나면 더 정성껏 소감문을 쓰는 것 같다. 그러니 예쁜 메모지를 여러 가지 준비하는 것도 나름의 의도된 준비물이라고 말하고 싶다.

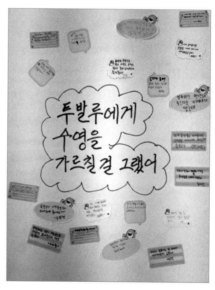

소감 나누기

독서 후 활동

만다라트와 빙고

소감 나누기가 끝나면 본격적인 독서 후 활동의 단계인데 그 첫 번째 활동은 만다라트라고 부르는 기법으로 책의 핵심 단어들을 찾아내고 이렇게 찾아낸 핵심 단어들을 모아 빙고게임을 해서 책 내용을 정리하게 한다.

만다라트(Mandal-art)는 일본의 그래픽 디자이너인 이마이즈미 히로아키가 개발한 아이디어 발상 기법으로 '본질의 깨달음'을 뜻하는 'Manda'와 '달성'을 뜻하는 'la', 기술을 뜻하는 'art'가 합쳐진 말이다. 브레인라이팅을 활용한 일종의 마인드맵으로 아이디어를 매우 효과적으로 수집, 확산할 수 있는 방법인데 일반적인

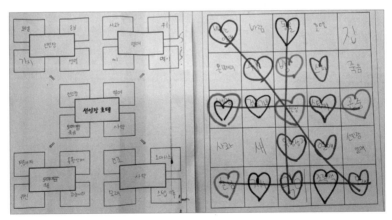

만다라트+빙고

마인드맵처럼 아이디어를 계속 늘리지 않고 칸수를 한정하고 있기 때문에 모둠원 간의 토론을 통해 아이디어를 선택하고 정리해야 한다. 또한 책을 한번 읽었다고 완벽하게 암기하고 있는 것이 아니기 때문에 학생들은 이 과정에서 책을 앞으로 뒤로 여러 번 반복해서 뒤져야 한다. 책의 내용을 파악하는 가장 쉽지만 확실한 방법인 것이다.

만다라트는 교과 수업 시간에도 교과 내용을 정리하는데 요긴하게 사용할 수 있다. 다만 그림책이든, 교과 내용이든 모둠 별로 내용을 정리했다면 다른 모둠이 정리한 내용을 공유하고 내용을 확인함으로써 내면화하는 과정이 필요하다. 이때 빙고게임을 활용하여 놀이하듯 재미있게 진행 할 수 있다. 빙고게임을 한다는 사실을 미리 알리고 모둠별 만다라트 활동지를 돌려보는 시간을 갖는다. 그 후 5×5의 빙고 활동지를 나누어주고 채우게 한다. 빙고판을 채울 때는 반드시 각 모둠의 만다라트 활동지에 있는 내용을 정확하게 똑같이 쓰도록 주의를 주어야 한다. 의미가 통하는 비슷한 표현을 허용하면 게임에 욕심이 난 학생들에게 쓸데없는 논란거리가 될 수 있다. 빙고게임 시간에는 1등 모둠에 겨우 사탕 네 알을 주었는데 이렇게 소박한 상품에도 학생들은 넘치는 승부욕을 드러내며 활동에 빠져든다. 이 정도 되면 독서 활동을 재미있다고 느끼게 하는 일등 공신인 셈이다. 다만 게임에 너무 몰두하여 본질을 잃지 않도록 충분히 주의를 주어야 한다. 빙고게임

외에 만다라트를 활용한 다른 활동으로는 만다라트 활동지에 있는 단어 중 3개 또는 5개를 골라 그 단어들을 포함한 핵심 단어 글쓰기를 하는 방법도 있다.

5-WHY

왁자지껄 빙고게임을 마치고 난 후 본격적으로 책이 주는 메시지를 활용하여 의미 있는 활동들을 해야 한다.

《투발루에게 수영을 가르칠 걸 그랬어》는 5-WHY 를 활용하여 환경 문제의 원인을 파악하게 하였다. 이 활동은 문제점에 대한 원인을 찾아 해결 방법을 탐색하도록 하는데 적합하며, 주제에 따라서 디베이트의 논제 분석에도 효과적으로 사용할 수 있다.

이 책에서는 "투발루가 가라앉고 있다."라는 주제를 주고 다섯 번의 WHY를 통해 원인을 파악하게 하는 활동으로 기특하게도 학생들은 나의 설명 한마디 없이도 모둠 토론을 통해 '인간의 욕심, 플라스틱의 사용, 편리만을 추구하는 인간의 이기심' 등을 원인으로 찾아 냈다.

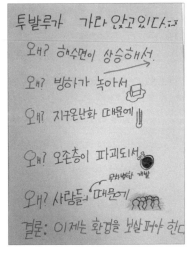

5-WHY

브레인라이팅

다음 활동은 브레인라이팅이다.

각자 포스트잇에 개인 의견들을 다섯 가지 이상 적게 한 후 모
둠 안에서 개인 의견을 발표하게 하고 모두 모아서 비슷한 항목끼
리 분류하여 실천 방법을 찾아내는 활동이다.

메모지를 쓸 때 몇 가지 주의할 사항이 있는데 메모지 한 장에
는 한 가지 아이디어만 써야 하며, 큰 글씨로, 가능한 단어나 아주
짧은 문장으로 써야 한다. 한 장에 여러 가지 내용을 쓰면 개인 의
견을 모아 분류하기를 할 때 매우 곤란해지며, 글씨가 작거나 문장
이 길어지면 가독성이 현저하게 떨어지기 때문이다. 이 방법은 메
모지에 자신의 생각을 먼저 쓰도록 한 후 모둠 내에서 의견을 나
누도록 하기 때문에 평소 여러 사람 앞에서 말하기를 불편해하는

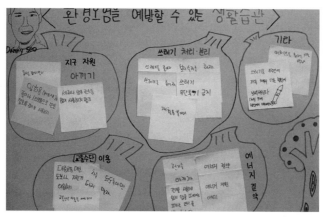

브레인라이팅

학생들도 자신의 의견을 반영할 수 있고, 개인 의견들을 유목화 하는 과정에서 활발한 토론이 일어나는 꽤나 민주적인 방법이다.

《투발루에게 수영을 가르칠 걸 그랬어》는 "환경보호를 위한 생활 속 실천 방법"을 주제로 브레인라이팅 활동을 진행했는데 학생들은 이 역시 아주 훌륭하게 실천 방법들을 찾아냈다.

교사가 정답을 일일이 설명해주지 않아도 학생들은 이렇게 스스로 답을 찾아가는 지혜가 있다.

개인 텀블러 만들기

마지막은 정리 활동으로 환경보호 포스터 그리기나 에코백·텀블러 만들기와 같은 활동을 통해 독서가 실천으로 이어질 수 있도록 진행하는데, 이번에는 자유학기제 예산으로 무지 스텐텀블러를 구입해 속지에 그림을 그리도록 하였다.

세상에 하나뿐인 나만의 텀블러를 만들어 텀블러 사용을 생활화할 수 있도록 하겠다는 것이 목표였고, 가끔씩 이렇게 만든 텀블러를 사용하는 학생들을 발견하면 비싸게 산 텀블러는 아니지만 자신이 만들었다는 자부심으로 자신도 모르는 사이 환경 보호를 실천하는 학생들도

텀블러 만들기

예쁘지만 교육 활동이 이렇게 생활에 긍정적인 영향을 미칠 수 있음을 확인할 수 있어 여간 기쁜 것이 아니다.

독서 후 활동은 수업 목표와 교사의 교육적 의도에 따라 얼마든 다양한 활동을 붙일 수 있다. 책에 따라 더 적절하다고 생각되는 활동들이 있기는 하지만 정해진 것이 있는 것은 아니니 그 종류도 무궁무진하다고 할 수 있다. 혼자 고민하기보다는 같은 고민을 하는 수업친구와 함께 고민하고 준비하는 것이 더 멋진 수업으로 가는 길이라는 생각이다.

중학생도 그림책이 좋다

주제선택 활동으로 그림책 독서토론을 진행하려면 보통 2주에 그림책 한 권을 소화한다. 수업은 온전히 학생들의 생각과 토론, 노력으로 완성되므로 교사의 설명만으로 채워진 수업보다 훨씬 가치 있고 삶과 바로 연결된다고 생각한다. 또한 학생들은 그림책을 가지고도 이렇게 지적인 그리고 실천적인 활동이 가능하다는 사실을 통해 그림책이 생각보다 수준 있는 매체임을 알게 되었다고들 한다. 다만 이렇게 시작된 책과의 만남이 성장을 거듭하여 줄글 책 독서로 이어지고, 독서가 생활화된 학생들이 되었으면 하는 바람이 있다.

그림책 독서 활동을 하는 동안에는 단 한 명의 학생도 지루함으로 잠 재우지 않았다. 재미있는 수업이었다는 뜻이 아닐까? 한 학기 한 권 읽기나 교과 독서를 고민하는 많은 선생님들이 그림책과 그 시작을 함께 해도 좋겠다는 생각을 늘 해왔다. 우리 교사들은 자신이 확실하게 잘 알고 잘 하는 일이 아니면 선뜻 엄두를 내지 못하는 신중함이 있다. 하지만 어떤 새로운 수업도 과감하게 시작하지 않으면 절대 잘 알고 잘 하는 일이 되기 어렵다.

경험상 그림책은 비교적(수업을 망칠) 확률이 낮은 쉬운 수업 도구이다. 그렇지만 꽤 오래 그림책을 써왔던 나도 가끔 새로운 책이나 활동을 시도할 때는 '이 방법을 쓸 걸 그랬다.' 하는 후회를 하기도 하고, 심지어 망친 수업의 결과로 한참을 지울 수 없는 찜찜함과 함께 하기도 한다.

그러나 때로는 나도 정확하게 모르는 새로운 활동을 무작정 시도하지만 학생들은 그것을 해냄으로써 그들의 잠재력을 입증하기도 한다. 우리 학생들은 실로 놀랍다. 시키면 뭐든 해내니 말이다.

학생들의 능력보다 선생님들의 과감한 용기와 시도가 더 필요한 것이 아닌가 싶다.

2년 전에 가르쳤던 학생 중 평소 지지리도 말썽을 부려 선생님들의 속을 끓이던 학생이 《슈퍼 거북》으로 그림책 활동을 한 뒤 내게 "태어나서 처음으로 책 한 권을 끝까지 읽었다"고 나름 뿌듯해하며 말해주었던 기억이 잊히지 않는다. 그 학생도 그림책 수업은 나름 재미있어했던 것 같다. 그래서 나는 요즘 이렇게 말한다. "중학생도 그림책이 좋다."

주	주제도서	학습활동	
1	투발루에게 수영을 가르칠 걸 그랬어	독서 전 활동	내용 예측하기 지우개 지우기
2		독서 후 활동	만다라트-빙고 5-WHY 브레인라이팅 텀블러 디자인
3	선인장 호텔	독서 전 활동	지우개 지우기 예측 한 줄 평 쓰기
4		독서 후 활동	만다라트-빙고 연대표 만들기 띠지 만들기
5	슈퍼 거북	독서 전 활동	질문 만들기 지우개 지우기
6		독서 후 활동	만다라트-핵심 낱말 글쓰기 등장인물 캐릭터 찾기 명언 만들기 뒷 이야기 쓰기
7	아름다운 가치 사전	가치사전 만들기	
8	우체부 아저씨와 비밀 편지	독서 전 활동	내용 예측하기 캐릭터 예측하기
9		독서 후 활동	만다라트-핵심 낱말 글쓰기 인물 관계도 그리기 상장 만들기 캐릭터 별명 짓기

주	주제도서	학습활동	
10	프레드릭	독서 전 활동	질문 만들기 장면 예측하기
11		독서 후 활동	만다라트-빙고 6장 이야기 다시 쓰기 주인공 인터뷰 기사 쓰기 책갈피 만들기
12	돼지책	독서 전 활동	지우개 지우기 책 제목 새로 쓰기
13		독서 후 활동	만다라트-핵심낱말 글쓰기 뒷이야기 쓰기 미래의 명함 만들기
14	낱말 공장 나라	독서 전 활동	질문 만들기 내용 순서 맞추기 말풍선 넣기
15		독서 후 활동	낯선 낱말로 글 다시 쓰기 브레인라이팅 칭찬스티커 붙이기
16	우리 엄마 우리 형	그림책 만들기	
17	마무리	포토스탠딩+모둠 시 쓰기 소감 나누기	

그림책 독서 활동 계획

04

나도
TED Speaker!

영어 스피치 주제선택 수업

자신의 의견을 다른 사람 앞에서 논리 있게 말하는 능력이 매우 중요해지고 있다. 많은 사람들이 10년을 넘게 영어를 배우고도 외국인과의 간단한 회화조차 어려워한다. 영어로 글쓰기를 배우고 여러 사람 앞에서 스피치를 하는 주제선택 수업은 2015 개정 교육과정의 핵심역량 중 하나인 의사소통능력을 키우기 좋은 수업이다.

영어 스피치 주제 수업으로 영어 자신감 Up!

계촌중학교는 주변에 이용할 수 있는 교육 시설 하나 없는, 평창에 자리 잡은 작은 산골 농촌 학교이다. 처음 계촌중학교에 왔을 때 시내 학교에 비해 작은 인원수의 학생들을 보고 어떻게 수업해야 할지 고민이 많았다. 교과서로 진도를 나가니 계획한 수업은 10분이나 15분이나 일찍 끝나기 일쑤였고, 더욱이 학생들은 영어에 대한 흥미가 없어 수업에 적극적으로 참여하지 않았다. 영어로 수업하니 학생들이 잘 이해하지 못하였고 친구들 앞에서 영어로 읽고 말하기를 부끄러워하고 꺼렸다. 그래서 영어로 말하기에 익숙하지 않고 자신감이 없는 학생들을 위해 어떤 수업을 할까 고민하다가 스피치를 주제로 수업을 시작했다. 우리나라 영어 공부는 빠른 시간에 문제를 읽고 답을 찾아내는 읽기 위주에 중점을 두고 있었다. 하지만 영어를 배우는 가장 큰 목적은 자유롭게 영어로 대화하는 것이다. 중학교 영어교육의 목적도 의사소통에 중

생각 쑥! 역량 쑥! 교과연계 주제선택 수업

점을 두고 있어서 영어를 말하도록 하는 것은 수업에서 고려해야할 가장 중요한 점이다. 내가 스피치 수업에 관심을 두게 된 것은 6개월 영어교사 심화연수에서 스피치 수업을 접하면서부터다. 교직경력이 10년이 넘는 영어교사들이 여러 사람 앞에서 영어로 발표할 때 목소리가 떨리고 긴장을 많이 했다. 즉석에서 말하기 주제가 주어지면 무슨 말을 할까 고민하였고 사전에 주제가 주어지면 쓴 글을 외워서 하니 말하는 것이 자연스럽지 않았다. 하지만 6개월 과정이 끝났을 때 많은 선생님이 스피치 수업이 영어 의사소통 향상뿐만 아니라 여러 사람 앞에서 자신 있게 말하는데 도움이 되었다고 말씀하셨다.

미래를 살아갈 학생들에게 필요한 것은 지식 위주의 암기식 교육이 아니다. 사방에 가득한 지식을 자신의 것으로 만들어서 논리적으로 말하는 것이 중요하다. 세계적으로 유명한 스피치 프로그램인 TED에서 세계 각국의 사람들이 자신의 의견을 자신 있게 말하는 것을 보며 우리 학생들도 영어로 다른 사람 앞에서 자신 있게 말하면 좋겠다는 생각에서 이 주제가 있는 수업은 출발하였다.

무엇을 말할까? 말하기를 위한 기본은 글쓰기부터

누구에게나 무조건 영어로 스피치를 하라고 하면 당황할 것이다. 말할 거리가 있어야 말하기가 쉬워진다. 그래서 학생들에게 영어로 글쓰기를 하도록 했다. 그렇지만 막상 글쓰기 수업을 하려고 하니 여간 막막한 게 아니었다. 나도 대학교까지 영어 글쓰기에 대해 배운 경험이 많지 않고 자신도 없었다. 글쓰기를 위해서는 우선 쓸거리가 필요하였다. 그래서 영어 교과서를 우선 분석해보기로 했다. 각 학년 출판사별 영어 교과서의 내용을 분석하여 스피치 활동을 위한 주제를 골랐다. 영어 교과서는 종류가 상당히 많았으나 학년별로 성취해야 할 내용이 유사한 것이 많았다. 일단 주제를 선택하고 학생들이 꼭 알아야 할 유용한 표현을 정리하였다. 여러 교과서를 보며 정리하다 보니 수업에서 가르치는 데 도움을 주는 많은 수업 자료도 덤으로 얻게 되었다.

교과서 주제 분석을 바탕으로 학생들에게 주요 구문을 활용하여 글을 쓰도록 지도하였다. 시작은 자기소개부터였다. 사람을 만났을 때 가장 먼저 하는 것이 자기소개다. 대부분의 사람들이 본인을 소개하라고 하면 이름과 나이를 얘기하면 끝나버린다. 영어권은 우리나라와 같이 나이를 중요시하지 않는 문화다. 자기를 소개할 때 무엇을 좋아하는지 여가 시간에 무엇을 하는지 자신의 관심사나 취미에 관해 말하는 것이 일반적이다. 학습지를 기본으로 해서 친구들과 "What's your hobby?" 하고 질문하고 "I like to ~" 또는 "I like ~ing"로 대답하면 문법적인 부분은 자연스럽게 익힐 수 있다. 이렇게 몇 가지 자신의 대답을 적어 자신을 소개할 수 있다. 이 주제는 학년이 처음 시작할 때 친구들을 자연스럽게 알 수 있는 좋은 기회가 된다.

시간	주제	주요 활동 내용	준비물
1	My Introduction	학습지를 활용하여 취미, 좋아하는 음식, 운동 등을 묻고 답하며 소개하는 짝활동	- PPT - 학습지
2	My Favorite Celebrity	주요 표현을 활용하여 자신이 좋아하는 연예인의 대한 특징, 외모, 좋아하는 이유에 대해 발표하기	- PPT - 사진, 비디오클립 - 학습지
2	My Plan for this Month	유튜브 동영상 Try Something New for 30 Days)을 보고 주요표현을 중심으로 한달 안에 해보고 싶은 일을 물어보고 자신의 계획을 써보고 발표하기	- PPT - 유튜브 동영상 - 학습지
2	My Dream	직업에 대한 제퍼디게임으로 단어를 배우고 자신의 흥미, 잘하는 것, 미래에 하고 싶은 일에 대해 질문하고 학습지를 활용하여 써보고 발표하기	- 유튜브 동영상 - PPT - 학습지
2	Superhero	- 슈퍼히어로 퀴즈를 풀고 주요구문을 활용하여 질문과 대답하기 - 쓰기 학습지를 활용하여 글을 쓰고 복장을 입고 발표하기	- PPT - 슈퍼히어로 사진 - 학습지 - 슈퍼히어로 가면, 옷
2	The Field Trip to	현장체험활동을 다녀온 후에 방문한 곳을 인터넷 등을 활용하여 정리하여 발표하기	- PPT - 학습지

시간	주제	주요 활동 내용	준비물
2	Korean Treasure	역사교과와 연계해 프로젝트 수업으로 진행하고 역사시간에 배운 내용을 영어로 질문하고 영어로 써서 발표하기	- PPT - 학습지 - 역사 레고
2	My Dream Car	차의 종류와 기능이 있는 PPT로 주요 표현을 배우고 자신의 드림카를 이름, 로고, 속도, 가격, 디자인 등을 포함하여 그리고 발표하기	- PPT - 차 사진 - 학습지
2	My Favorite Restaurant	- 멕시코 음식과 문화에 대해 배우고 타코와 브리또를 만들기 - 요리재료를 영어로 말하고 만드는 법을 영어로 써서 발표하기	- PPT - 만화영화 라따뚜이 - 학습지 - 요리재료
2	My Summer Vacation	- 지난 방학 때 한 일을 과거형을 사용하여 질문하고 답하기 - 여름방학 동안에 할 일을 친구와 말해보고 자신의 방학 계획을 발표하기	- PPT - 학습지

주제 분석을 통한 글쓰기 계획

처음에는 노트에 제목을 쓰고 글쓰기를 하니 시간이 많이 걸리고 노트를 가지고 오지 않는 학생들도 있었다. 그래서 글을 쉽게 쓰도록 주제에 따라 주요 표현을 넣은 글쓰기 학습지를 만들기 시작했다. 예를 들면 My Dream이라는 주제를 배울 때는 be interested in, be good at, want to 등의 표현을 서로 주고받으며 말로 연습하고 글로 써보게 하였다. 글을 쓰기 전에 주요 구문을 질문하고 대답하여 말로 익히게 하는 것이 글쓰기에도 도움이 되었다. 모르는 단어는 컴퓨터나 핸드폰을 활용하여 찾도록 하였다. 주제와 연관해서 학년별로 꼭 알아야 하는 주요 의사소통표현과 문법표현을 한 문장씩 골라서 학생들이 어렵게만 생각하는 표현을 글로 써보고 말로 해봄으로써 영어의 어순을 자연스럽게 익히게 했다.

글을 쓰게 하는 방법은 처음에는 다섯 문장 이상 쓰도록 하고 점차 글의 내용을 정리하여 길게 쓰도록 하는 것이었다. 요즘 학

My Dream

* What are you interested in?
I am interested in
* What are you good at?
I am good at
* What do you want to be in the future?
I want to be a an)
* Why do you want that job?
Because
* What will you do to make your dream come true?
I will

— Write down about 'My Dream'

글쓰기 학습지

생들은 쓰는 것보다 보는 것이 익숙한 세대라 처음에 영어로 쓸 때는 한 시간에 몇 줄의 영어를 쓰는 것도 어려워했다. 그리고 초등학교부터 글쓰기를 해보지 않았던 학생들은 알파벳을 잘못 쓰기도 하고 계속 어떻게 쓰는지 질문을 하였다. 하나하나 봐주면서 하니 생각보다 시간이 오래 걸렸다. 영어공부가 주로 읽기와 말하기에 치우쳐 있어 학생들이 본인의 생각을 정리하여 쓰는 것을 힘들어 하였다. 글쓰기를 지도하면서 느낀 것은 영어를 잘하는 것뿐만 아니라 글쓰기를 위한 개인적 경험도 중요하다는 것을 깨달았다. 예를 들면 자신의 취미에 대한 글을 쓴다고 했을 때 개인적으로 취미와 좋아하는 것이 많은 학생은 글을 쓸 거리가 있지만 영어를 잘하더라도 취미가 없으면 글을 쓰기가 어려운 것이다. 의사소통 능력을 향상시키기 위해서는 학생들에게 다양한 경험을 주는 것이 필요하다는 것을 이때 깨달았다. 특히 부모님과 여러 가지 체험을 하기 어려운 학생들도 있기 때문에 학교에서도 학생들에게 다양한 경험을 줄 수 있는 수업과 교육활동을 제공하는 것이 중요하다는 것을 알게 되었다. 학생들이 영어로 글을 쓰면서 우리나라 말과 영어의 어순이 다르다는 것을 자연스럽게 익히게 되었다. 또한 학생들은 글을 쓰면서 영어단어와 문장을 정확하게 아는 기회가 되었다. 학생들은 쓴 글을 고쳐주지 않으면 틀린 영어를

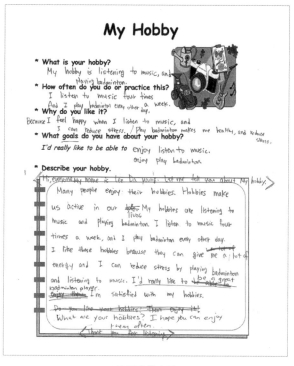

글쓰기 학습지

계속 사용하기 때문에 학교에 있는 원어민 선생님에게 수정을 부탁하였다. 강원도는 거의 모든 학교에 원어민 선생님이 배치되어 있다. 원어민 선생님이 글을 고쳐주면 교과서에서 배울 수 없는 자연스러운 영어를 배울 수 있다는 점이 장점이다. 원어민 선생님과 함께 잘못된 표현을 고쳐주고 학생들 글에 칭찬 도장을 찍어주면서 격려를 아끼지 않았다. 학생들에게 수정된 자신의 글을 읽어보게 하고 수정된 글을 다시 한 번 쓰도록 하였다. 글쓰기의 또 다른 중요한 성과는 학생들이 자신의 생각을 정리해서 말할 수 있게 되었다는 것이다. 학생들은 자신이 쓴 글을 모아 포트폴리오로 만들어 자신의 영어실력 성장과정을 계속 확인할 수 있었다.

시간이 지날수록 학생들은 글쓰기에 익숙해졌고 몇 달이 지나자 주제가 주어지면 주요 표현을 이용하여 한 페이지는 쉽게 쓸 수 있는 실력이 되었다. 또한, 실용적인 글쓰기를 위해 가까운 곳에 있는 민족사관고등학교 멘토에게 영어 이메일을 쓰고 영어로 답장 받는 활동을 시작하였다. 영어 답장을 읽고 영어 편지를 쓰면서 실생활에 필요한 표현을 연습할 수 있었다. 매년 민사고를 방문하여 영어말하기대회도 참관하고 멘토와 공부 방법, 진로에 대해 대화하니 자연스럽게 학습 동기도 향상되었다.

나도 TED Speaker!

스피치를 활용한 수업모형을 개발하게 되면서 교과서에서 벗어나 다양한 수업방법에 대해 생각하고 연구하게 되었다. 영어 말하기를 재미있게 할 수 있는 수업 방법은 무엇일까? 즉석에서 주제를 선택해서 말하는 스피치도 말하기의 좋은 방법 중 하나다. 즉, 여러 주제를 적은 종이를 가지고 가서 학생들이 즉석에서 자신이 뽑은 주제에 대해 영어로 말하는 것이다. 준비하지 못한 주제에 대해 자연스럽게 말하는 것은 어른도 어려운 일이다. 어떤 학생는 주어진 문장을 대답 못하고 시간을 보내기도 했다. 그래서 내가 예를 보여주고 기본 세 문장 이상을 무슨 말이라도 하도록 하니 자연스럽게 수업의 동기 부여도 되고 학생들도 수업에 적극적으로 참여할 수 있게 되었다. 배운 내용이나 오늘 배울 내용을 주제로 준비를 하면 학생들이 자연스럽게 수업에 참여하게 유도할 수 있다.

의상이나 소품을 준비하여 수업하는 것도 즐거운 수업을 만들 수 있다. Superhero라는 주제로 수업을 하였다. 우리가 아는 초능력을 가진 영웅들을 수업에 활용하였다. 슈퍼맨이나 스파이더맨이 나오는 만화영화를 1~2분 보여주고 영어로 무슨 초능력이 있는지 묻는 것으로 수업을 시작하는 것도 좋은 동기부여 활동이다. 원어민 선생님이 직접 동영상에 나와서 'Who am I?'로 시작하는 히어로 관련 문제를 내며 수업을 시작하기도 하였다. 이 퀴즈는 학생들의 듣기에 대한 집중력을 높이고, 이 집중력을 유지하여 자연스럽게 수업의 시작이 이루어지게 하였다. 그리고 나서 초능력

여기서 잠깐!

슈퍼히어로 의상이나 그림을 활용하면 더 흥미 있고 학생들의 참여도를 높일 수 있다.

에 관한 어휘를 배우고 초능력이 있는 슈퍼히어로의 그림카드와 can을 활용한 영어 문장을 연습한다. 이때 슈퍼맨이나 스파이더맨 의상을 입고 Superhero를 묘사하고 나만의 Superhero 만들기 등의 수업 아이디어를 통해 학생들이 재미있게 영어 수업에 몰입할 수 있었다.

스피치 수업을 위하여 TED 영상을 활용하는 것도 좋은 방법이다. TED는 미국의 비영리 재단에서 운영하는 강연회이다. 정기

Superhero

◆ 초능력에 관한 어휘 배우기

◆ Superhero에 관한 만화 클립을 보여주고 질문하기

◆ Superhero에 관한 그림 카드를 이용하여 영어로 묘사하기

◆ Superhero중 하나를 골라 묘사하고 초능력에 관하여 설명하기

◆ 자신만의 Superhero를 그리고 초능력을 만들어 발표하기

Superhero 수업 장면

적으로 과학분야부터 국제적인 이슈에 이르기까지 다양한 분야와 관련된 강연회를 개최한다. 강연회의 강연은 18분 이내로 이루어진다. 이 강연 하나하나를 TED TALKS라 한다. '알릴 가치가 있는 아이디어'가 모토이다. 초대되는 강연자들은 각 분야의 저명인사뿐만 아니라 어린 학생부터 나이 많은 할머니까지 다양하며 언어 또한 다양하고 좋은 주제의 내용이 많이 있다. 먼저 수업 주제와 연관한 TED 영상을 보고 질문을 하며 학생들이 집중하도록 했다. 그중 하나가 'Try Something New 30 days'이다. 이것은 어느 사람이 30일 동안 새로운 일을 시도하며 겪는 변화를 얘기하며 시도해 보라는 내용이다. 가령 매일 1,600자의 글을 쓰면 한 달 안에 소설을 완성할 수 있다는 것이다. 이러한 매일의 작은 변화가 모여 삶이 변화할 수 있다고 말하며 이 강연자는 킬리만자로 산을 등반하는 등 새로운 시도를 해볼 수 있었다고 한다. 처음에는 한국 자막을 보여주고 내용에 관해 영어로 질문하였다. 다음은 자막 없이 보도록 하면 완전히 다 이해하기는 어렵지만 영어 말하기의 자연스러운 속도를 알게 된다. 그리고 학생들이 실제로 한 달 동안 시도할 수 있는 일에 대해 질문도 하고 실천해 보도록 하였다. 독서, 운동, 게임 안 하기 등 다양한 대답을 하며 한 달은 무엇이든지 시도해 보기에 충분한 시간이라는 것을 깨달을 수 있었다. 이 내용은 My Day, My Dream, My Summer Vacation 등 다양한 주제에 활용할 수 있는 좋은 수업 동영상이다. TED의 내용을 보

My Dream 수업!
◆ 여러 가지 직업관련 단어를 배운 후 직업에 관한 게임하기
　'Hot Seat Speed Game'
　한 학생이 TV앞에 앉고 나머지 학생들이 단어에 대해 설명하기
　'Give Me Five Game'
　유니폼을 입는 직업 5개, 다른 사람들과 일하는 직업 5개 쓰기
◆ 직업에 관한 Dialogue를 영어로 묻고 말하기
◆ 자신의 꿈에 관한 글을 주요 표현을 활용하여 써보기
　- be interested in, be good at, want to be a an) - because -
◆ 자신의 꿈을 발표하기

TED Speech 활동

며 다른 나라의 사람들의 흥미롭고 가치 있는 여러 생각들에 관해 학생들이 알 수 있는 기회를 갖게 되었다. 수업에 TED는 여러 가지로 활용할 수 있다. 학생들이 발표할 때 TED 배경을 깔아놓고 마치 TED에 출연한 것처럼 이야기하도록 하는 것도 즐거운 수업 경험이었다. '혹시 이 학생들 중의 누구는 실제로 미래의 TED

생각 쑥! 역량 쑥! 교과연계 주제선택 수업

Speaker로 볼 수 있지 않을까' 하는 즐거운 상상을 해보면서.

원어민 선생님과 함께 하는 스피치 수업!

시골에서 만날 수 있는 외국인은 원어민 교사가 거의 유일하다. 그래서 원어민 교사와의 수업은 학생들뿐만 아니라 영어교사도 영어로 외국인에게 말하기를 실습할 좋은 기회이다. 복도나 화장실에서도 마주치면 영어로 얘기할 수 있는 것이 작은 학교의 장점이다. 원어민 선생님과 영어저널 및 스피치 주제에 따라 수업준비를 하고 수업을 하였다. 예를 들면 취미에 대한 주제가 나오면 취미 어휘를 배우고 제퍼디 게임이나 학습지를 만들어 모둠별 활동을 하는 방식이다. 그리고 원어민과 영어교사가 함께 간단한 대화 시범을 보이고 학생들이 연습하게 하였다. 영어교사가 원어민과 대화하는 모습을 보고 학생들도 할 수 있다는 자신감을 가지게 되었다. 학생들이 스피치를 하기 전에 원어민이 주제에 대해 말하는 시범을 보이면 어떤 학생들은 제스처를 따라 하기도 해서 웃음을 주었다. 새로운 원어민 선생님이 관내에 부임하시면 우리학교에 와서 원어민과 나의 수업을 보여주었다. 전에는 공개수업이라면 무조건 피하고 부담스러웠지만, 특별히 준비하지 않고 평소의 수업을 보여줄 수 있는 여유가 학생들과 나에게 생겼다. 실제로 원어민 공개수업에서 발표하고 자리로 돌아오던 학생이 넘어지며 다른 친구에게 부딪쳤을 때 무의식중에 "I am so sorry."라고 얘기해 모두들 웃으면서도 대견해했다. 주제선택 수업을 할 때 학교 여건에 따라 17차시 전부를 같이 해도 좋고 그렇지 않을 경우는 상황에 따라 원어민 선생님과 함께 수업 일부를 함께 하는 것은 학생들이 자연스럽게 영어와 문화를 배울 수 있는 좋이 기회가 될 것이다.

실제 체험을 해보는 것은 교사에게는 기획하고 준비하는데 어려움이 있으나 학생들에게 잊지 못할 경험과 공부이다. My Favorite Street Food나 My Favorite Restaurant를 배울 때는 블록수업을 잡아서 실제로 음식을 만들어 보며 수업을 하였다. 외국음식을 파는 식당이 거의 없는 시골에서 학생들이 외국의 다양한 음식을 맛볼 수 있는 기회는 흔치 않다. 원어민 선생님과 수업 주제와 관련해서 간단한 음식을 만들어 보기로 하였다. 재료는 마트에서 사고 마트에 없는 물건은 인터넷에서 주문하였고 가정 선생님께 가사실을 빌려 진행하였다. 먼저 그 나라와 관련된 음식 문화를 배우고 재료의 이름을 영어로 가르쳤다. 우리가 알고 있는 어떤 재료는 영어 같지만 영어가 아닌 것도 있고 원래 발음이 우리가 평상시 알고 있는 발음과 같지 않아 웃음을 터뜨렸다.

재료의 어휘와 음식을 만드는 법을 영어로 쓰기 위한 동사를 배웠다. 음식을 만들면서도 간단한 대화를 영어로 하니 평소 한국말로 시끄럽던 교실이 어느 정도 정돈이 되었다. 타코, 또띠아, 피자, 카라멜 애플 등 다른 나라 음식 만드는 법을 영어로 배우면서

학생들은 영어와 다른 나라의 음식 문화를 재미있게 배울 수 있었
다. 활동중심 수업의 중요한 점은 무엇을 배우고 어떠한 활동을
하며 평가는 어떻게 이루어지는지 안내가 필요하다는 것이다. 이
런 안내와 활동 정리가 없으면 학생들은 교육내용보다는 활동만
기억하기 쉽다. 요리를 한 후 요리하는 절차를 영어 포스터로 만
들어서 발표하고 갤러리워크로 다른 조의 내용을 보고 배우는 과
정이 필요하다. 배운 내용을 바탕으로 영어로 글을 쓰고 발표하며
요리 활동과 수업을 연계하여 운영하였다.

　　스피치 수업을 하고 수업일지를 쓰기 시작하였다. 수업을 하면
서 느낀 잘된 부분과 다음에는 수정해서 반영하고 싶은 내용을 적

어놓으니 다음 수업에 참고가 되었다. 또한 수업시간에 활용한 활동지나 수업방법을 정리하니 나만의 훌륭한 자료가 되었다. 이를 통해 나는 수업을 계획하고 실천하기 위해 여러 서적을 분석하고 연수를 들으면서 적극적으로 수업 개발을 하는 교사가 되었고, 영어과 교육과정 및 여러 교과서의 구성과 주요 부분을 잘 알 수 있었다. 또한 영어연구회나 영어교사 연수에서 새로운 수업 방법과 영어교육활동 강의를 준비하면서 수업자료를 정리하며 나만의 자료가 생겼고 프로그램을 소개하고 연구하면서 가르치는 것에 대한 자신감을 갖게 되었다.

Topic	Superheroes
Grade	7th Grade
Aims	Students are able to deliver a speech. Students are able to use these key expressions.
Speech Topic	My Super Hero
Key Expressions	He(She) is ~ / He(She) can
Materials	PPT, pictures about super heroes, Video clip, worksheets
학생의 학습 참여도	▶ Superheroes 가면, 옷을 입어 보면서 소란은 있었지만 적극적으로 수업에 참여함. ▶ 조별로 발표를 시켜서 잘하지 못하는 학생들도 발표에 참여하고 영어로 말할 수 있는 기회가 많았음.

반성 및 시사점	◆ Superheroes의 가면, 옷을 입어 보면서 소란은 있었지만 어휘에 관해 더 잘 알 수 있었고 적극적으로 수업에 참여함. ◆ 비디오 클립을 사용할 때 다 보여주고 질문을 하기보다는 중간 중간 학생들의 수준에 맞는 간단한 질문을 하는 것이 이해를 하는데 더 좋았음. ◆ Superheroes 옷이나 도구를 사용하면서 조별로 소란스러운 분위기에서 우리말을 사용하지 못하도록 하는 것이 필요하고 어휘 시험을 미리 보아서 학생들이 스피치를 할 때 관련된 문장에 더 활용하도록 하면 더 좋았을 것임.
Tips	☞ Superheroes 도구를 이용하여 수업을 하니 학생들이 더 적극적으로 수업에 참여함. ☞ Superheroes의 노래를 가사와 함께 부르면 영어공부에 더욱 도움이 될 것임.

수업 일지

수업의 확장, 생활 속으로 다가간 영어수업!

2018년 평창에서 동계올림픽이 열렸다. 학생들에게 외국인을 만나면 평창의 어떤 관광지를 소개하고 싶냐고 질문했더니 의외로 평창에 대해 잘 알지 못했다. 그래서 군청에서 평창군 소개 팸플릿을 가져와서 수업에 이용하였다. 팸플릿을 이용하여 외국인을 만났을 때 위치와 추천할 점을 소개할 수 있는 대화를 영어로 연습하고 조별로 평창에 있는 한 곳을 조사하여 영어로 포스터를 만들어 발표하였다. 그동안의 학생들의 글과 나와 원어민 선생님의 평창에 관한 글을 모아 평창을 소개하는 「Discover Pyeo-ngchang!」이라는 영어 소책자를 만들었다. 학부모, 동문, 지역주민, 군청에도 보내고 홍보하였다.

한 단계 더 나아가 글의 내용을 바탕으로 오대산, 봉평에서 조별로 핸드폰을 이용하여 동영상을 찍어 편집하여 유튜브에 올렸다. 이런 과정을 통해 나는 학생들의 말하기 능력과 창의성이 나의 기대와 생각을 넘어서는 것을 보고 놀라움과 자랑스러움을 느꼈다.

요즘 많은 학생들이 장래 직업을 유튜버라고 대답한다. 수업은 시대의 변화에 따라 새롭게 적용할 수 있어야 한다. 올해 갑작스런 원격수업으로 인해 교육의 공간이 확장되고 다른 수업 방법이 적용되고 있다. 스피치 수업은 원격수업에 적용하기 좋은 방법이다. 주요 표현을 쌍방향으로 설명하고 대화를 주고 받은 다음 글쓰기 학습지를 과제로 주고 피드백을 할 수 있다. 그리고 학생들이 피드백을 받은 글을 스피치로 하는 영상을 보내거나 유튜브에 올려 자신의 변화과정을 볼 수 있다. 또는 PPT에 자신의 음성을 넣어 영상을 만들 수도 있다. 수업디자인은 시대, 상황, 학생들에 따라 다양하게 할 수 있다.

이 수업을 끝내고 학생들이 우리 문화에 대해 더 많이 공부하고 싶은 욕심이 생겼다. 그래서 역사 선생님과 의논해서 융합수업 (STEAM)을 시도하였다. 역사시간에 문화재를 조사하고, 퍼즐로 만

들어 발표하였다. 그리고 그 내용을 영어로 쓰고 스피치로 발표하
게 하였다. 영어 수업을 다른 교과와 연계하여 다른 교과의 교육
내용을 알 수 있는 기회가 되었고 수업 방법도 공유하게 되었다.
주변 선생님들과 자연스럽게 수업 나눔을 하였고 학생들은 같은
주제로 여러 번 배우니 수업 내용에 대하여 더 자세히 알게 되었
다. 지식은 책에서 뿐만 아니라 학교와 우리 마을을 통해 삶과 연

History + English 융합수업!
◆ 역사 시간에 한국의 주요 문화재와 역사에 관한 수업을 한다.
◆ 학생들이 한 가지 문화재를 선택하여 조사한다.
◆ 문화재 모형을 만들고 역사 시간에 조사한 내용에 관하여 발표한다.
◆ 영어시간에 Dialogue를 이용하여 영어로 질문하고 대답한다.
◆ 학습지를 활용하여 선택한 문화재에 관하여 영어로 써본다.
◆ 인터넷을 보고 조사하여 영어로 글을 정리한다.
◆ 영어교사와 원어민 교사가 수정해주고 수업시간에 발표한다.
◆ Korean Treasure 포스터 앞에서 Tour guide처럼 말하게 한다.

교과융합수업 장면

계되어 확장되어야 한다. 이런 확장 과정을 통해 학생들은 오래 기억할 수 있고 왜 공부를 해야 하는지에 관해서도 생각할 수 있다. 학교와 수업에서 새로운 것을 만들어내고 학생들과 함께 활동하면서 잠시 잊고 있었던 진정한 선생님의 역할과 보람을 찾을 수 있었다. 학교 가는 것이 즐겁고 학생들을 예뻐하는 마음이 커지게 되었으며 다양한 주제를 가지고 하는 수업은 영어 교사로서 성장할 수 있는 터닝 포인트가 되었다.

스피치 수업은 여러 방식으로 진행하였다. 수업시간 시작 전에 학생들은 돌아가면서 1분정도 영어로 발표하는 Every Speech를 진행하였다. 처음에는 자신 없는 학생들을 위하여 읽을 수도 있게 하고 서서히 외워서 억양과 뜻을 생각하며 자연스럽게 말하도록 지도하였다. 매주 금요일 오전 시간에 한 학생이 학교 방송실에서 아나운서처럼 방송으로 스피치를 하고 나머지 학생들은 교실에서 TV로 보면서 평가하였다. 학생들이 다른 사람들이 발표할 때 집중을 하게 하기 위하여 동료 평가지를 만들어서 평가하도록 하였다. 발표 후에 다른 학생들의 평가와 교사의 의견을 피드백하여 다음 발표에 도움이 되도록 지도하였다. 매학기 기말고사 후에 전 교생이 참여하는 Speech 대회를 실시하였다.

기말고사가 끝나면 학생들과 교사 모두 느슨해진다. 학생들도 수업에 집중하기 어려워하여 뭔가 스피치 수업과 연계하여 새로운 것을 해봐야겠다는 생각이 들었다. 학생들이 글쓰기 한 것이 있으니 시작하기가 쉬웠다. 스피치 글쓰기를 한 글을 바탕으로 학생들의 스피치대회를 계획하였다. 학생들에게 자신이 쓴 글 중에서 하나씩 뽑아서 다시 정리하며 쓰도록 하였다. 상품이 걸려 있으니 욕심이 있는 학생들은 새로운 주제를 정하여서 스피치 원고를 쓰기도 했다. 쓴 글을 바탕으로 TED에서처럼 PPT를 만들어 넘기면서 발표하는 연습을 하였다. 이것이 어려운 학생은 내가 만들어 주기도 하고 실제 대회에서는 넘겨주는 역할을 하는 학생을 지정하기도 하였다. 어떤 학생들은 상상 이상의 발표 원고와 PPT로 우리에게 뿌듯함을 안겨주었다. 모든 학생들이 참여하여 즐기게 하는 것이 중요하였기 때문에 잘하지 못하는 학생들에게도 연습을 통해 발표하여 성취감을 느끼게 해주고 싶었다.

내성적인 한 학생은 1학년 때 스피치를 할 때는 자신이 쓴 글을 책을 읽듯이 발표하였다. 2년이 지난 후에는 자신의 의견을 자연스럽게 말하듯이 말하였고 무엇보다도 자신감이 많이 향상된 모습을 보며 뿌듯하였다. 어떤 장학사님이 스피치대회 동영상을 보시고 2년 동안 변화한 모습에 소름이 돋았다는 말씀을 들으며 학생들을 지도하는 보람을 얻었다. 각종 스피치대회에 나가면 다른 학교 학생들이 긴장하는 것에 비해 우리 학교 학생들은 마이크를 빼서 관중에게 질문까지 하는 여유 있는 모습을 보이는 등 과거의 소극적이던 학생들이 말하기에 자신감을 가지게 되었다. 스피치 대회 때는 부모님을 초대하여 학생들의 발표를 참관하고 학교 운영 현황에 대한 설명을 들으며 학교교육활동을 이해하고 신뢰하는 기회를 가졌다. 시골에서 농사일로 바쁘셨지만 많은 분들이 참석해 주셨다. 이런 과정을 겪으면서 무엇보다 학부모, 학생과 따뜻한 인간관계를 맺은 것이 가장 큰 수확이었다. 돈을 벌기 위한 직업인으로서의 교사가 아니라, 새로운 것을 만들어내고 학생들과 함께 활동하면서 잠시 잊고 있었던 진정한 선생님의 역할과 보람을 찾을 수 있었다.

1학년 처음에 입학했을 때는 영어로 글쓰기와 발표하는 것이 두려웠다. 실수하는 것이 걱정이었지만 여러 가지 활동을 하면서 실력이 많이 향상되었다. 영어수업에서 다양한 주제를 통해 음식, 감정, 미래의 직업들을 배우며 영어의 세계로 떠날 수 있었다. 친구들의 피나는 노력을 볼 수 있었던 영어스피치대회는 정말 감동적이었다. 한 달에 한 번씩 학교에서 하는 토요 영어캠프는 자유로운 분위기 속에서 원어민 선생님과 영어로 대화하며 자신감을 키울 수 있었다. 여러 수업으로 추억을 쌓았던 우리의 영어 바다로의 여행은 나의 꿈에 한발 다가갈 수 있게 하였고 앞으로도 절대 잊을 수 없을 것이다.

- 학생 소감

교과연계 주제가 있는 스피치 수업은 1시간의 교실 수업의 작은 출발에서 다른 선생님과 융합수업, 스피치 대회, 마을과 주변의 삶과 연계된 수업으로 확장되었다. 많은 시행착오와 과정을 겪으며 학생들뿐만 아니라 나도 성장할 수 있었고 무엇보다는 학생들과의 따뜻한 관계 속에서 가르치는 즐거움과 보람을 얻을 수 있었다.

05

그림책으로 만나는
영어

그림책과 함께 생각도 쑥쑥

"Picture books are for everybody at any age,
not books to be left behind as we grow older."
-Anthony Browne-

'그림책으로 만나는 영어'라는 수업을 통해 학생들을 성장시키고 싶었던 것은 영
어 실력의 향상이 아니다. 영어에 대한 재미와 "영어 해볼 만하네!" 라는 정도여도
좋다. 내가 꿈꾸는 것은 학생들이 책을 읽는 즐거움을 느끼고 책을 읽으면서 떠오
르고 느낀 것들을 자유롭게 표현하고 이야기할 수 있도록 하는 것이다.

주제가 있는 수업의 시작

2017년은 길지 않은 내 교직 생활에 터닝 포인트라 할 수 있다. 3년의 육아휴직을 마치고 돌아온 학교는 이미 자유학기제 운영으로 내가 익숙했던 곳과는 너무 달라져 있었고 거기서 살아남기 위해 움직이지 않을 수 없었다. 수업도 변화해야 했지만, 무엇보다 주제선택이란 수업을 위해 17차시를 아무런 자료 없이 혼자 헤쳐 나가야 한다는 것이 큰 부담이었다. 이미 다른 선생님들께서 계획하고 진행했던 수업재료를 활용하는 것으로 첫해는 그럭저럭 꾸려 나갔다. 이 시간은 정해진 교재가 없어 수업준비가 막막할 수는 있지만, 또 한편으로는 내가 평상시 학생들과 함께하고 싶었던 수업을 마음껏 펼쳐볼 기회가 될 수도 있다고 생각했다. 거기다 일제식 지필평가도 보지 않는다. 그냥 놓쳐버릴 수 없는 기회였다. 그렇게 고민하던 중 그림책이 떠올랐다.

초등학생 아들의 영어공부를 위해 그림책을 접하게 되었고 그

생각 쑥! 역량 쑥! 교과연계 주제선택 수업

림책이 영어공부의 매력적인 소재가 될 수 있다는 걸 알게 되었다. 주제선택 수업은 정해진 교재가 없어서 힘든 시간이 될 수도 있지만 반대로 내가 원하는 내용을 펼칠 수 있는 멋진 수업이 될 수도 있는 순간이었다. 먼저 그림책에 대해 자료조사를 시작하였다. 하지만 그때만 해도 그림책으로 수업을 하는 것은 대부분이 초등학교였고 그마저도 토론이나 번역 위주의 수업이었다. 내가 원하는 수업의 방향은 그림책을 통해 배우고 느낀 것들을 다양한 독후 활동을 통해 풀어내는 것인데. 무언가를 배우는 것도 중요하지만 자신이 알고 있는 걸 다양한 방법으로 표현하는 것을 연습하는 것도 중요하다고 생각했다. 한두 차시의 수업자료만을 가지고 한 학기 주제선택 수업을 이끌어나가는 것은 불가능한 일이겠다고 생각하고 있었는데, 내 생각은 강원도에서 방학마다 시행하는 함성 연수에 참여하였다가 완전히 바뀌게 되었다.

당시 연수의 강사 선생님께서 새로운 시도를 할 때 모든 상황이 완벽하게 갖춰진 상태에서 시작하려면 절대 아무것도 할 수 없다며 뭐든 시작해 보고 실패도 해보고 또 그 과정에서 수정도 하면서 해야 하는 것이라는 이야기를 해주셨다. 그 이야기를 듣고 쉽지 않은 길일 수 있겠지만 그래도 한번 해봐야겠다는 결심을 하고 '그림책으로 만나는 영어'를 개설하게 되었다. 그 이후로 한 학기 동안은 그림책 수업에 관한 생각과 자료 조사로 머릿속이 꽉 차 있었다. 우선 그림책을 선택해야 했으며 그림책이 마음에 들면 어떤 활동과 연결을 시켜야 할지를 고민해야 했고 재미있는 활동을 발견하게 되면 어떤 그림책과 연결해 수업할지를 고민하는 시간이었다. 매일이 그림책을 읽고 구글을 검색하고 학습지를 만드는 시간의 연속이었다. 지칠 수도 있는 시간이었지만 이미 수업은 개설되어 학생들이 기대를 가지고 신청했기 때문에 여기서 포기할 수는 없었다. 그렇게 나의 정성과 애정이 담긴 17차시 그림책 수업이 만들어졌고 수업은 시작되었다.

시행착오

막상 학생들과 수업을 진행하다 보니 생각과 다르게 흘러가는 것이 많았다.

첫 번째, 첫 차시에 그림책을 가지고 네 가지의 활동(그림책 빈칸 채우기, 꿈 카드 만들기, 드림캐처 구상하고 제작하기)을 계획했는데 이건 너무 욕심이었다. 한 그림책 안에 많은 활동을 집어넣다 보니 주어진 활동을 다 해내느라 한 가지도 제대로 못 하는 경우가 생겼다. 학생들을 재촉하게 되고 심지어 '대충해' 라는 말이 내 입에서 나오고 있었다. 이 수업에서 내가 원하는 건 학생들이 충분히 생각하고 표현할 수 있게 하는 것인데, 아무리 좋은 활동이라도 선택과 집중을 해야겠다고 느끼는 순간이었다. 과하면 안 되겠구나 싶어 나머지 그림책 활동을 줄여나가기 시작했다. 이 그림책으로 학생이 배웠으면 하는 목표를 하나만 잡고 한두 가지 활동만

집중하기로 하였다. 다시 학습지 수정!

두 번째, 주제선택이니 재미있게 수업을 해야겠다는 생각에만 몰두하여 활동에 너무 무게를 두다 보니 막상 그림책을 소홀히 하게 되는 현상이 생겼다. 그림책은 형식적으로 훑어만 보고 무언가를 만들고 그리는 활동에 대부분 시간을 할애하고 있었다. 이 좋은 그림책을 두고 이렇게 진행하는 건 아니다 싶은 생각이 들었다. 그래서 그림책을 여러 번 읽을 수 있는 장치를 마련하고 그림책의 내용을 파악하여 주제에 대해 학생들이 자기 생각을 이야기할 수 있게 하는 활동을 고민하기 시작했다. 학생이 그림책을 통해 키웠으면 하는 역량과 목표를 다시 구체적으로 생각하고 그것을 이뤄갈 수 있는 수업모형을 계획하기 위해 애를 썼다.

세 번째, 작년에는 너무나 재미있게 읽고 할 이야기가 많았던 책이었는데, 올해의 학생들은 반응이 심상치 않았다. 정말 같은 수업이지만 어쩜 이렇게 매해 다를 수가 있는 건지. 작년 선배들은 재미있게 했는데 너네는 왜 그러니? 라고 탓할 수 없는 노릇이었다. 어쩔 수 없이 과감히 중단하였다. 반대로 작년에는 정말 힘들게 끌고 갔던 수업인데 올해 학생들의 결과물은 눈물 날 정도로 감동을 주는 일도 있으니까. 당황스러운 일이지만 '내가 얼마나 고심해서 힘들게 만든 수업인데'라며 내 생각만을 고집할 수는 없었다. 아무리 좋은 의도라도 고집스럽게 끌고 나가다 보면 오히려 역효과가 날 수도 있다. 또 세상엔 학생들에게 알려주고 싶은 좋은 그림책이 얼마나 많은가. 매년 성향이 다른 학생들이 같은 수업이지만 다른 결과를 내는 모습을 보는 것도 너무나 재미있는 일이다.

그렇게 수업을 하면서 수정하고 보완하여 올해로 4년째 수업을 진행하고 있다. 시간이 지날수록 노하우가 생기고 의미 있는 수업이 되고 있다. 아마 올해는 또 작년보다 더 나은 수업이 될 것이라 기대한다. 물론 수업을 진행하다 보면 마음에 들지 않는 활동 또한 생길 것이다. 그래도 괜찮다. 그 과정을 통해서 충분히 배우는 것이 있고 또 더 나은 활동으로 업그레이드시킬 기회가 될 것이니, 시작하지 않는 것보다는 도전하는 것이 훨씬 멋지지 않을까?

수업 이야기

평균 한 가지 그림책으로 2~4시간 동안 수업을 진행하였다. 17차시 두 시간 블록 타임으로 34시간 수업을 했고 한 학기 동안 아홉 권의 그림책을 읽고 느껴볼 수 있었다. 수업을 위한 책을 선정하는 것이 가장 고민되고 신경이 많이 쓰였던 부분이다. 그림책을 선정하면 할 일의 절반은 끝난 거라 봐도 과언이 아니었다. 학생들과 함께 생각해보고 싶은 주제가 담긴 그림책을 관련된 여러 도서와 블로그, 유튜브, 구글 검색을 통해 선정하였다. 선정 후에는 학습지를 제작하기 위해서 시간이 나는 대로 자료조사를 했는데 구글에서 '책 제목 + 워크시트' 또는 '액티비티'를 검색하면 외국의 선생님들이 같은 그림책을 가지고 진행한 다양한 활동지들을 볼 수 있다. 다양한 아이디어들을 살펴보다 보면 교실에서 실제로 책 활동을 진행할 모습이 그려졌고 이를 바탕으로 우리 학교 학생들의 성향과 수준에 맞는 활동들로 구성된 학습지가 완성되었다.

모든 그림책은 조별로 한 권씩 가지고 읽을 수 있도록 학교 독서 관련 예산과 자유학기제 예산을 사용하여 구입하였다. 그림책이 생각보다 비싸 한 번에 구입하지는 못했고 3년에 걸쳐 차근차근 모았다. 책과 관련된 동영상과 그림 자료로 동기유발을 진행한 뒤 조별로 한 권씩 책을 주면 한 친구가 조원들에게 읽어주기도 하고, 돌아가면서 읽기도 하고, 서로 모르는 단어와 문장은 해석해주며 그림책의 내용에 관해 이야기하는 모습을 볼 수 있었다. 읽기에 부담이 안 되는 분량의 책들이라 가벼운 마음으로 책을 읽

그림책 읽기 활동

고 그러면서도 진지하게 책에 몰입하는 모습이 너무 예뻐 몇 번이고 사진을 찍어 남겨두었다. 책을 읽은 뒤 책의 내용을 파악할 수 있는 문제풀이, 퀴즈, 토론 등의 방법을 통해 독후 활동을 하였고 배우고 느낀 것들을 다양한 재료들을 활용하여 표현할 수 있는 활동을 계획했다. 그림책 아홉 권의 주제는 다양했다. 꿈, 가족, 친구, 왕따, 평화, 문화, 감정 등의 주제를 그림책을 통해 경험해볼 수 있도록 하였다.

그림책으로 만나는 영어는 주제선택 수업이기 때문에 평가에 대한 부담이 큰 수업은 아니었다. 하지만 학생들이 진짜 활동하고 느끼고 성장한 모습을 생활기록부에 담아주고 싶어 책이 끝날 때마다 학생들에게 자기 평가서를 나눠줘 그림책을 요약해보고 기억에 남는 문장과 새롭게 배우고 느낀 점을 적으면서 책에 대한 자신만의 느낌을 정리하는 시간을 가지도록 하였다.

차시	소주제	주요 활동 내용
4	Dream	그림책 'Willy the Dreamer'를 읽고 꿈에 대한 단어를 배우고 독후 활동 후 자신의 꿈을 생각해 꿈 카드 만든 후 드림캐처 만들기
2	Family	그림책 'Blackout'을 읽고 독후 활동 후 정전 시 가족과 함께하고 싶은 활동을 검은색 아크릴판과 야광 스티커로 꾸미기
4	Courage	그림책 'The Paperbag Princess'를 읽고 그림책의 마지막 결말을 상상해 보고 모둠원이 하나의 카드뉴스 형식의 책 광고문 만들기

차시	소주제	주요 활동 내용
4	Peace	그림책 'Imagine'을 읽고 독후활동 후 자신이 좋아하는 팝송을 선택하여 마음에 드는 가사를 스토리로 구성하여 그림책 제작하기
2	Emotion	그림책 'How do You Feel?'을 읽고 감정에 대해 학습하고 감정 이모티콘을 제작한 후 슈링클스를 이용해 열쇠고리 만들기
2	Bullying	그림책 'Don't Laugh At Me'을 읽고 독후활동 후 친구를 칭찬하는 Happy Tree를 만든 뒤 마니또 진행하기
4	Wisdom	그림책 'Only One You'를 읽고 나를 힘이 나게 하는 격언을 골라 미니 사전 만들고 내 인생 격언이 담긴 Wisdom flower cake 만들기
4	Roles	그림책 '31 Uses for Moms'를 읽고 엄마의 역할에 대해 생각해보고 감사함을 표현한 뒤 나 사용법 미니 달력 제작하기
4	Culture	그림책 'Around the World with Mouk'를 읽고 다른 나라의 문화와 특징에 대해 알아보고 내가 가고 싶은 곳의 특징을 담은 머그컵 또는 에코백 제작하기
4	Neigh-borhood	그림책 'A Visitor for Bear'를 읽고 함께 어울려 살아가는 삶의 가치에 관해 이야기하고 다른 사람을 초대하는 파티를 계획하고 주제선택 수업을 마치는 쫑파티

주제별 주요 활동

첫 번째 이야기 : Don't Laugh at Me

학교에서는 다양한 친구들과 함께 생활하기 때문에 서로 다름을 이해하고 포용할 수 있는 능력이 중요하다. 또한 매해 학교 폭

2시간	1시간
그림책	**독후활동**
그림책 읽기	Happy Tree 제작하기
학습지 활동	* 마니또 미션!
(Anti Bully Contract)	

그림책《Don't Laugh at Me》활동 내용

력과 왕따는 큰 문제가 되고 있다. 다른 사람을 괴롭히고 때리는 일이 단지 나와 다르고 우리와 다르다는 이유에서 시작되는 경우가 많다. '친구를 따돌리지 마라, 괴롭히지 마라.'라는 이야기를 잔소리처럼 들리게 하는 것이 아닌 그림책으로 느끼게 해주면 좋겠다 싶었다. 그래서 결정한 책은《Don't Laugh at Me》였다. 이 책은 사실 처음 주제선택으로 그림책 수업을 하려고 했을 때부터 찜했던 책이다. 그런데 절판이었다. 책을 구할 수 없으니 수업도 포기해야 하나 하고 있었는데, 그 다음 해 여름 중고서점에서 책을 구할 수 있었다. 책은 한 권밖에 구할 수 없었지만, 그림책 가사를 그대로 담고 있는 노래가 있어 음악과 함께 수업을 진행할 수 있었다. 왕따와 관련된 그림책이 많이 있었지만, 굳이 이 책으로 수업을 진행하고 싶었던 이유는 바로 이 대사 때문이었다.

'Don't laugh at me. In God's eyes, We're all the same.
Someday, we'll all have perfect wings.'

원래는 노래가 먼저였는데 그 가사가 주는 울림이 너무 커서
그림책으로까지 만들어졌다고 한다. 총 2차시로 수업을 진행했는
데 그림책이 전달하는 메시지가 의미 있고 가치 있어서 내용을 자
세히 다뤄보고 싶었다.

1차시에는 왕따 문제에 대해 알아보고 노래 가사가 책 내용과
똑같기 때문에 노래를 들으면서 빈칸 채우기를 하며 그림책 내용
을 하나하나 곱씹어 볼 수 있도록 하였다. 그리고 가사 내용과 연

관련 질문에 답하면서 '외모 때문에, 신체적 이유로, 가난하다는 이유로 놀림당하는 것이 정당한 것인가'에 대해 진지하게 생각해 보고 자기 생각을 이야기해보는 시간을 가졌다.

2차시에는 책을 읽고 나름대로 생각해 본 내용을 자신에게 적용하는 활동을 해보았다. happy tree 만들기 활동인데 나와 다른

학습지와 happy tree

생각 쑥! 역량 쑥! 교과연계 주제선택 수업

내 옆 친구의 장점을 찾아보고 그 내용을 나뭇잎에 적은 후 교실 칠판에 붙여둔 커다란 나무 그림에 붙여 칭찬 나무를 만드는 활동을 하려고 했다. 그런데 서로 장난치고 깎아내리는 언어생활에 익숙한 학생들은 친구의 장점을 찾아 칭찬하는 일을 낯간지러워하고 어색해 했다. 장난으로 작성하거나 칭찬인지 아닌지 헷갈리는 문장들을 작성한 친구들이 꽤 보

여기서 잠깐!
이런 그림책도 있어요

많이 알려진 책인데 'wonder'라는 제목의 책으로. 페이퍼 북의 형태였던 책이 학생들이 읽기 쉬운 그림책으로도 만들어져서 수업시간에 활용하기 좋아요. 이 책이 전하고자 하는 메시지 또한 남들과 다른 외모의 주인공이 주변 사람들의 도움으로 세상을 살아가는 이야기로, 이 책 역시 학생들에게 조금 더 친절한 세상을 만들 수 있는 에너지를 줄 수 있어요.

였다. 그래서 우선 장점이 될 수 있는 사람의 성질들을 마인드맵으로 이야기하고 그중 친구의 장점을 찾아 나뭇잎에 적은 후 칭찬나무를 완성하게 하였다. 이렇게 하여 학생들이 부담을 덜 갖고 오히려 진지하게 제대로 된 칭찬을 하였다.

그리고 구글 서치를 통해 찾은 'Anti Bully Contract' 학습지를 진행했다. 이 학습지 안에는 다른 학생들을 존중하고 자신이 대접받고 싶은 대로 다른 사람을 대접하겠다는 약속이 담긴 서약서가 있다. 학생들과 서약서의 내용을 함께 읽고 사인을 하였다.

마지막 활동은 과제로 주어진 마니또였다. 마니또를 뽑고 미션지를 나눠준 뒤 나의 마니또 친구를 위해 일주일간 봉사하는 미션이다. 친구에 관해 관심을 가지고 칭찬도 하고 응원의 문자도 전

달하는 등 아홉 가지의 미션 중 빙고를 완성할 수 있도록 수행하는 활동이다. 일주일 뒤 마니또를 발표하고 자신의 마니또를 위해 수행했던 활동들을 간단하게 발표하면서 수업을 마무리하였다.

두 번째 이야기 : Paperbag Princess

페미니즘의 대표적인 책이다. 과거의 그림책 속 여자 주인공은 아름답고 항상 위험에 빠지며 왕자님이 구하러 오고 결국 그 왕자님과 사랑에 빠지는 모습이었다. 그런데 이 책은 그렇지 않았다. 공주가 왕자를 구하러 간다는 설정부터가 마음에 든다. 왕자 없이도 충분히 행복할 수 있다는 걸 알려주는 책이다. 몹쓸 용이 나타나서 예쁘고 똑똑한 공주의 터전을 불살라버리고 왕자를 데리고 간다. 공주는 재치와 기지를 발휘해 용을 물리치고 왕자를 구하지

그림책《The Paper Bag Princess》활동 내용

만 왕자는 고마워하기는 커녕 종이봉지를 뒤집어 쓴 꾀죄죄한 공주의 모습을 비난한다. 공주는 거기서 슬퍼하고 좌절하는 것이 아니라 겉만 보는 어리석은 왕자를 두 번 볼 것도 없이 떠나버린다. '내 삶의 주인은 바로 나'임을 알려주는 당당한 현대판 공주의 이야기, 여자 주인공도 자신의 인생에 결정권을 가질 수 있다는 걸 알려주는 이야기이다. 이 책을 선택한 이유는 마지막 공주의 선택이 신선한 충격이었기 때문이다. 학생들이 그림책 속의 공주처럼 자신의 행복을 스스로 결정하고 판단할 수 있는 어른으로 성장했으면 하는 마음이 있었다.

그림책을 읽기 전에 그림만을 보여주고 나름대로 순서를 정해 이야기를 만들고 결말을 상상해 보는 활동을 하였다. 결말을 몰라야 재미있게 진행할 수 있는 수업인데 이럴 수가. 이 책의 내용이 초등학교 교과서에 나오기 때문에 학생들이 내용을 알고 있었다. 초등학교 저학년 때 나온 책이라 기억이 가물거린다고 하니, 그나마 불행 중 다행이라고 해야 할까? 그래도 결론을 몰랐어야 전달하고자 하는 내용이 더 임팩트 있게 다가왔을 텐데. 어쨌든 희미하게라도 기억하고 있던 책이라 내용이 다양하게 나오지 않았던 것이 아쉬웠다.

이제 책을 읽고 제대로 순서를 맞춘 후 책 광고문 만들기 활동을 진행했다. 책 광고문을 제작하는 방법을 생각하기 위해 아마존이나 국내 인터넷 서점의 사이트를 들어가 보니 요새는 카드뉴스 형식으로 제작하여 책을 광고하는 방법이 대세인 것 같았다. 그래서 카드뉴스형 책 광고문을 제작하기로 했다. 책 광고문을 제작하기 위해 학생들은 책을 다양하게 조사하고 책을 읽고 난 후 떠오르는 이미지와 단어들을 적어보게 했다. 가장 중요한 '책을 추천하는 이유'도 생각해보아야 했다. 조별로 네 페이지짜리 카드뉴스형 책 광고문을 하나씩 제작하도록 하였다. 한 사람이 한 페이지를 맡아 만들어야 했고 네 페이지가 연결되어야 했기 때문에

여기서 잠깐! ～～～～～～～
이런 그림책도 있어요
'메리는 입고 싶은 옷을 입어요', '올리버 버튼은 계집애래요'를 통해 여성과 남성이 정해진 성 역할이 없이 자신의 꿈과 자신의 역할을 스스로 결정하고 문제 해결의 주체가 될 수 있도록 도와줄 수 있어요.
～～～～～～～～～

조원과의 의사소통과 협력이 무엇보다도 중요한 활동이었다. 시간이 조금 걸리는 활동이었지만 학생들이 열과 성을 다해 참여하여 주었다. 이런 활동을 시키면 학생들은 내가 생각지도 못한 방향으로 결과물을 만들어 내기도 한다. 한 조에서 네 장의 종이를 붙여 하나의 연결된 그림을 그리고 그 안에 필요한 내용을 적는 방식으로 광고문을 만들었다. 이러한 결과물을 만들어 내기 위해 학생들은 고민하고 의견을 내고 조율하고 역할을 분담하며 자신의 역할을 해낸다. 이런 과정이 쉽지는 않지만 이렇게 하나의 결과물을 만들어 내면 학생들도 그리고 교사인 나도 또 한 뼘 성장하는 것 같다.

카드 뉴스를 활용한 책 광고 만들기

만들어진 결과물을 발표하고 평가서를 작성하였다. 책 광고문 만들기 활동이 어려웠을 거라고 생각했는데 어려웠던 만큼 결과물에 본인들도 만족스러웠는지 기억에 남는 활동이라고 답해주었다. 이번 수업은 내가 기대했던 수업의 의도와 학생들의 반응이 통했던 수업이었다. 이런 경험이 힘들지만, 또 새로운 수업을 계획하게 만드는 힘이 되는 것이 아닐까 싶다.

세 번째 이야기 : How do You Feel?

사람에게 있어서 적절하게 감정을 드러내고 표현하는 것은 다른 사람과 제대로 소통하고 관계를 맺어가며 행복한 삶을 누리기 위해 꼭 필요한 능력이다. 또한, 자기감정을 명확히 알고 인정하는 것은 자기 이해도를 높여 자존감과 공감 능력을 키워준다. 앞으로의 시대에서 감정표현 능력이 더욱 중요해질 것이다. 하지만

그림책 《How do You Feel?》 활동 내용

생각 쑥! 역량 쑥! 교과연계 주제선택 수업

청소년기의 학생들은 감정을 어떻게 조절해야 하는지 그리고 그것을 어떻게 표현해야 하는지에 대해 미숙하다. 이유 없이 짜증을 내고 소리를 지르고 화를 내는 청소년들을 보면 의외로 자기표현을 못 하는 경우가 많다고 한다. 그래서 학생들에게 영어 단어나 규칙을 가르치는 것 이상으로 자신의 감정을 정확하게 이해하고 적절하게 표현하는 방법을 가르치는 것이 필요하다고 생각했다.

특별하게도 이 책은 우리가 느끼는 다양한 감정에 대해 나온다. 이 책은 글자로도 감정을 표현하고 있다. 'Shy'는 작고 흐리게 표현하여 글자만으로도 부끄러움이 느껴지고 'Silly'는 꾸불꾸불

여기서 잠깐! ━━━━━
이런 그림책도 있어요

《The Color Monster》라는 책
이 있어요. 감정을 색깔로 표현
한 책인데. 감정이 막 섞여 있는
괴물이 자신의 감정을 하나씩
들여다보고 정리하는 내용으로
그림책 속의 괴물에 감정 이입
하여 감정을 색깔로도 표현해보
면서 감정을 같이 공감하고 정
리할 수 있도록 수업을 계획해
보시면 어떨까요?

하게 표현하여 글자만으로 재미가 느껴
진다. 한 페이지에 한 문장씩 적혀있어
비록 글 밥은 적었지만, 글자로 감정을
어떻게 표현했는지 그리고 표정이 어떻
게 바뀌는지를 학생들과 책을 자세히
살펴 읽다 보니 생각보다 오랜 시간이
걸렸다.

그 후 책에 등장한 감정의 단어를
적고 학생들에게 이 단어를 이모티콘으
로 만들어 보도록 하였다. 그리고 이모티콘 중 지금 나의 감정을
골라 슈링클스를 활용해 열쇠고리로 만드는 활동을 진행했다. 그

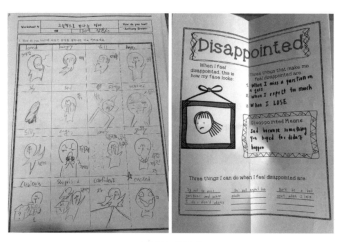

감정북 만들기

리고 일주일 동안 학생들이 수행해야 할 과제가 있다. 감정북 만들기인데 학생들에게 여섯 가지 감정을 주고 하루에 하나씩 감정에 대해 나름대로 정의를 내리고 언제 그런 감정을 느끼는지, 그리고 그 감정을 느낄 때 할 수 있는 세 가지를 적어보도록 했다. 하루에 한 감정에 대해 생각해보고 그 감정이 어떤 것인지 익히길 바라는 마음인데 나의 의도대로 과제를 하는 학생은 극소수이긴 했다. 그래도 이런 수업을 통해 학생들이 자기 자신의 감정을 잘 표현할 수 있는 능력을 키우는 데 도움이 되길 바란다.

우리의 성장

'그림책으로 만나는 영어'라는 수업을 통해 학생들을 성장시키고 싶었던 것은 영어 실력의 향상이 아니었다. 영어에 대한 재미와 "영어 해볼 만하네!"라는 정도여도 좋았다. 내가 꿈꾸었던 것은 학생들이 책을 읽는 즐거움을 느끼고 책을 읽으면서 떠오르고 느낀 것들을 자유롭게 표현하고 이야기할 수 있도록 하는 것이다. 아직은 학생들이 내가 책을 선택한 의도를 알아주지 못할 때가 더 많지만 한 번씩 '와 그림이 너무 예뻐요.' 혹은 '이 그림책 신기하네요.'라는 말을 해주거나 그림책을 읽으면서 페이지를 넘기지 않고 그 장면을 뚫어져라 쳐다보고 있는 모습을 보면 그 모습이 너무 예뻐 보이고 뿌듯했다. 또 처음엔 그림책을 읽고 표현하는 활동에 소극적이거나 어색함을 느꼈던 학생들이 한 권씩 활동해나

가면서 다음 그림책을 궁금해하고 활동을 기대하는 것이 느껴졌다. 모둠별로 그림책을 읽으면서 그림책에 숨겨진 비밀들을 발견하기도 하고 내가 보지 못했던 시각으로 그림책을 바라보고 조잘조잘 이야기해주기도 하였다. 또한, 자신의 관심과 상황에 맞는 그림책이 제공될 때는 제법 진지하게 자기 생각들을 표현하고 드러내 주기도 하였다. 놀라운 모습이었다.

그런데 무엇보다도 교사인 나의 변화가 놀라웠다. '그림책으로 만나는 영어' 수업을 통해 나는 정말 많이 성장했다. 이 수업을 통해 학생들이 무엇을 배우고 그것을 어떻게 효과적으로 배울 수 있게 할지를 진심으로 고민하기 시작했다. 교사 생활을 하면서 처음으로 수업이 재미있어졌고 매시간이 기대되었다. 이러한 변화는 주제선택 수업뿐만이 아니라 교과 수업으로도 이어졌다. 새로운 시각으로 교과서를 바라보고 일상생활에서 접하는 활동들이나 주제들을 수업과 연관시켜 학생을 움직이게 하려는 시도가 계속되었다. 물론 다양한 시도 속에서 실패도 있고 아쉬움도 있었지만 그런 과정들을 통해서도 배움이 일어나고 있다는 걸 이젠 알게 되었다. 실패에 대한 불안으로 아무것도 하지 않기에는 우리 학생들이 가진 잠재력이 너무 아까웠다.

그리고 이 수업을 블로그에 공유하기 시작했다. 생각보다 많은 선생님이 그림책 수업에 관심이 있었고 연구해보고 싶어 하는 열망도 가지고 있었다. 수업자료를 공유하면서 수업을 진행한 후 피드백을 제공하고 본인의 수업을 공유하는 사례도 생겼다. 수업을 공유하면서 내가 자료를 제공한다고 생각했는데 결과적으로는 주기만 하는 것이 아니라 그 피드백으로 에너지를 얻고 또 새로운 시각을 얻는 등 내가 받는 것도 많아서 이게 공유의 힘이라는 것을 실감하게 되었다. 그리고 같이 수업에 대해 고민할 수업친구도 만나게 되었다.

'그림책으로 만나는 영어'라는 주제선택 수업의 시작은 작은 발걸음이었지만 돌아보니 3년이라는 시간 동안 이 수업은 나를 예전과는 다른 '도전을 두려워하지 않고 수업에 대한 열정을 가진 교사'로 바꿔주었다. 그리고 그 시간이 즐거운 추억과 성장이 새겨진 발걸음들이었음을 알게 되었다. 한 번에 엄청난 걸 이룰 수는 없다. 두려워하지 말고 지금 내가 관심 있는 것을 하나씩 수업에 연결해보자. 이 시도가 결국 학생도 나도 행복하게 하는 수업으로 돌아올 것이다. 선생님들의 행복한 수업을 진심으로 응원한다.

06

배움에 끝이 없는
놀이 수학 수업

도형과 함께하는
매쓰맥 수학수업 이야기

매쓰맥 솔리드를 활용하여 평면과 공간을 이해하고 숨겨진 수학적 원리를 발견하면서 자신 속에 숨겨진 창의성을 찾고 게임을 직접 만들면서 수학을 즐기는 놀이 수학 수업이다.

배움에는 끝이 없다? 무엇을 가르쳐야 할까?

새 학년 새 학기가 시작되면 학생들에게 질문을 한다. '수학 좋아해?', '무슨 과목이 제일 싫어?' 이 질문에 학생들은 자신의 과거에서부터 수학을 싫어하게 된 이유, 수학을 못하는 정당성을 말하는데 마치 정답이 정해진 것처럼 유사 답을 내놓는다. 수학 교사인 우리를 고민하게 하는 학생들의 반응이다. 하지만 우리는 교사가 아닌가? 수업을 어떻게 구성하고 무엇을 가르쳐야 하는지 함께 고민하기 위해 연구회를 만들고 워크숍에 참여하며 유사 답이 아닌 내가 듣고 싶은 대답을 듣기 위해 노력하고 있다.

수학을 포기하는 학생들이 줄어들 수 있도록 전국의 수학 교사들이 지난 몇 년간 많은 프로그램과 체험 부스 운영을 하고 있다. 강원도에서도 열정적인 수학 교사들이 모여 강원수학축전 하루 행사를 위해 6개월이 넘도록 저녁 시간을 할애하며 머리를 맞대고 계획과 수정을 반복했다. 출장비도 없는 모임에 저녁은 먹어야 힘도 나고 창의적인 생각도 날 것 같아 창의재단 공모를 신청하여 지원금을 받고 그 결과물로 자유학기제 주제선택 프로그램을 만들기 위해 별도의 시간을 또 할애해 지금의 자료가 탄생되었다. 원주팀의 단합을 위해 묵직하게 지켜봐 주고 중심 잡아 주신 복희샘, 언제 봐도 기운이 업되고 새로운 것에 대한 갈망을 하게끔 하는 향미샘, 수학의 깊이를 논하고 싶을 때는 깊이 있는 곳까지 직진하는 은주샘, 젊은 패기로 현장 연구가 저절로 이루어지는 용환샘 등 여러 선생님들 덕분에 숟가락 하나 얹어 놓고 도전을 시작하였다.

2017년에 34차시로 프로그램을 구성하고 만들어진 자료를 근무하던 소규모 학교에 적용해 보고 2019년에는 한 학년 3학급 규모의 학교에서 수업을 진행하며 부족한 부분과 발문을 보충해 갔고 지금도 계속 수정과 보완을 하며 수업을 변화시켜 가고 있다. 주제선택 활동수업을 구성할 때 다음 세 가지 기준을 세웠다.

- ◆ 2학기 교과교육과정과 연계된 주제선택 활동
- ◆ 학생 참여형 수업과 체험이 함께 할 수 있는 주제선택 활동
- ◆ 다양한 체험활동도 좋지만 깊이 있는 주제를 통하여 탐구 능력을 기를 수 있는 주제선택 활동

그리고 다음과 같은 수업의 취지를 바탕으로 수업을 구성하고

현장에서 사용할 수 있는 지도안과 학습지를 제작하였다.

- 평면도형에서 매쓰맥 솔리드를 이용하여 폴리아몬드(polyiamond)의 종류와 가능한 모양, 입체도형에서 쌓기나무를 이용하여 폴리큐브(poly-cube)의 종류와 가능한 모양을 찾고 방법을 설명하는 과정을 통해 패턴의 파악과 논리적으로 말하기 능력을 키운다.
- 쌓기나무를 이용하여 소마큐브 7조각을 만들어 관찰하고 설명하기, 평면에 나타내보기, 전개도 그려보기, 겉넓이와 부피 구하기 등의 활동을 통해 입체도형을 다양한 측면으로 생각해 보도록 한다.
- 소마큐브를 이용하여 나만의 작품을 만들고 이를 평면에 나타내보기, 전개도 그려보기, 겉넓이와 부피 구하기 등의 활동을 통해 입체도형을 심도 있게 이해하는 경험을 갖는다.
- 불가능 도형들이 그려지는 원리를 탐구하고, 직접 만들어 보는 활동을 통해 착시를 경험하고 관찰을 통해 평면에 나타내보는 활동을 한다.
- 평면도형과 입체도형 그리고 불가능 도형을 다양한 각도에서 관찰, 탐구, 표현, 설명, 정리하는 활동을 통해 도형들을 깊이 있게 이해하고 응용할 수 있는 능력을 키운다.

학생들에게서 이런 것을 보고 싶다

수포자가 생기고 교육과정이 바뀔 때마다 내용은 어딘가로 함축되고 사라지고 있는 것에 대해 수학 교사라면 누구나 고민할 것이다. 이를 해결하기 위해 몇 년 전부터 체험 수학에 대한 관심이 쏠리고 수학 축전이 각 지역마다 열리고 있다. 과연 이것이 최선일까? 다양한 수학적 내용을 담고 있는 체험을 학생들이 접한다면 수포자가 사라지고 수학에 대한 흥미가 생길까?

대다수의 학생들은 아니지만 수학에 관심을 갖고 있던 경우는 새롭게 배우는 수학 공부법(체험)이 즐거움을 갖게 하고 흥미를 더욱 북돋아 주는 것 같다. 하지만 수학에 관심도 없고 적성도 없으며 잘하지도 못한다고 생각하는 학생들은 그냥 만들기, 그리기의 일회성 체험일 뿐 수학적 성취는 거의 없는 것 같다. 그렇다면 수학을 놀이를 통해 가르치면 어떨까?

수학 수업을 하면서 가르치는 방법도 변화시키고 놀이라는 편안함으로 수학에 다가가게 하고 싶었다. 이 두 가지 의도를 담을 수 있는 주제선택 프로그램으로 학생들이 수학에 대해 새로운 관심을 갖기를 바랐다.

크게 다음과 같은 맥락으로 수업을 구성하였다.

◆ 생각 나누기 - 수학에 대하여 어떤 생각을 지니고 있는가?

◆ 입체도형 그려보기 - 입체도형에 대한 감각 알아보기

◆ 도구를 이용한 도형그리기 학습하기 - 매쓰맥-솔리드(Math Mag-Solid) 활용하기

◆ 평면도형과 입체도형 탐구하기 - 폴리아몬드와 폴리큐브에 대한 탐구

◆ 소마큐브 탐구하기 – 쌓기나무를 이용하여 소마큐브 만들고 정육면체를
   완성하는 방법 찾아보기
◆ 소마큐브를 이용한 겉넓이와 부피 구하기
◆ 라보카 게임 만들기 – 단계를 높여가며 창의적인 도안 만들기
◆ 불가능 도형을 표현하고 이유를 찾아 설명하기

이런 활동을 통해 지금의 자신을 돌아보고 현 위치의 자신을
정비하고 하나씩 배워나가면서 잠재된 혹은 도달하고 싶은 수학
에 대한 것들을 무심코 던질 줄 아는 학생들을 보고 싶다.

역시 학생들의 생각은 무궁무진해

수업에 참여하는 학생들을 보면서 답답한 마음도 있고 빨리 알려주고 싶은 마음이 나를 충동질하는 경우가 태반이라 수업을 시작하면서 조언자의 역할에만 최선을 다할 거라고 다짐했다. 수업을 1차시씩 진행해 가면서 학생들의 사고가 참 다양하다는 걸 알게 되었고 정말 창의적인 학생들과 논리적인 학생들이 눈에 들어오기 시작했다.

생각 나누기 – 수학에 대하여 어떤 생각을 지니고 있는가?

신학기가 되고 첫 수업을 들어갈 때마다 수학을 어려워하고 멀리하는 학생들이 많다는 생각에 수학에 대한 호감도를 높여주고 1년 농사 잘 지어보고자 학생들의 마음을 듣는 시간을 갖는다. 그래도 주제선택 활동에는 스스로 신청해서 온 거니까 조금은 덜 할 거라는 기대감과 함께 첫 수업을 생각 나누기로 시작했다.

학습지를 받은 학생들, 질문이 많다. 막연하게 생각하던 수학에 대한 자기의 생각을 글로 써 보라니 참 어렵겠지, 글을 작성하려고는 하지 않고 계속 질문만 한다. 수학하면 떠오르는 이미지에는 연산 기호, 문자, 간단한 도형을 많이 썼다. 수학에 대한 경험이나 느낌을 작성하는 것에는 수학은 지루하고 힘들고 너무 어렵지만 어려운 문제를 풀고 나면 즐겁고 만족스럽고 성취감(?) 같은 것이 있다고 하였다. 본 수업을 선택하여 참가하게 된 동기는 도형이 너무 어려워서 배우며 직접 만들어 보면서 도형에 대해 더 잘 알고 싶다는 답변이 많았는데 학생들은 '수학이란 참 어렵고 문제를 잘 풀어야 하며 수학을 잘하는 사람은 따로 있는 듯하다.' 라고 얘기했다. 수업을 진행하면서 교사는 학생들이 선입견을 깨고 도전하며 수학에 대한 자존감을 높일 수 있도록 노력해야 하며 학생들 스스로 수업에 의해 변화될 거라는 기대감을 한 층 더 높

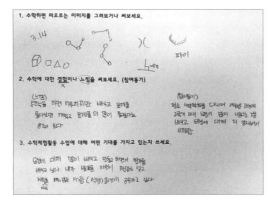

학습지를 통한 생각 나누기

입체도형 그리기

생각 쑥! 역량 쑥! 교과연계 주제선택 수업

이 가질 수 있는 수업을 구성해야 한다고 생각한다.

입체도형 그려보기 - 입체도형에 대한 감각 알아보기

정육면체는 다양한 입체도형들 사이에 아주 작은 것을 섞어 놓아도 찾아보라고 하면 거의 모든 학생들이 거침없이 찾아낼 것이다. 그런데 정육면체의 뜻을 써 보라 했더니 참 다양하다. 다른 사람이 정의를 내려 주입식으로 알려준 것이 머릿속에 그대로 남아있기는 힘든 일이다. 자신이 생각하는 대로 써 보라고 했더니 점, 선, 면도 나오고 각에 대한 설명, 선분에 대한 설명, 평행에 관한 설명 등 여러 가지 용어와 성질들을 사용해서 개성 담긴 뜻을 쓰는 모습이 참 귀엽기도 하고 웃기기도 했다. 도형 단원을 가르칠 때마다 느끼는 것이지만 그래도 글로 쓰는 건 조금 낫다. 그림으로 그리라고 하면 각자의 개성 담긴 뜻의 정육면체에 대한 생각은 다 어디를 갔는지, 평행이라고 말은 하는데 어디가 평행한 것인지 그리면서 자기들도 웃는다. 생각처럼 그려지지 않는단다. 그래서 마름모 격자를 주고 다시 그려보라고 했더니 잘 그렸다. 수업을 구성하면서 그림으로 나타내야 하는 것에는 마름모 격자를 제공해 주었다. 교사가 학생들에게 적절한 환경을 제공해 주며 학생이 용기를 갖고 시작할 수 있게 하는 것은 소소하지만 큰 시작의 발판이 되는 중요한 것이라는 걸 다시금 생각해 본다.

도구를 이용한 도형그리기 학습하기 – 매쓰맥-솔리드(Math Mag-Solid) 활용하기

도형을 그리는 것은 언제나 어렵다. 좀 더 쉽게 그릴 수 있는 방법은 뭐가 있을까? 정삼각형, 마름모 도형 유닛을 이용하여 자신이 생각하는 모양을 표현해 본 후, 마름모 격자에 그리면 화가가 된 듯이 그림이 잘 그려진다. 특히 입체도형을 그리는 것은 너

매쓰맥-솔리드를 활용한 평면도형 탐구

무나 어렵기 때문에 학생들에게 자신감과 흥미를 갖게 하고 수업에 적극적으로 참여할 수 있도록 하는 매쓰맥-솔리드(Math Mag-Solid) 교구를 사용하였다. 우선 교구를 사용할 때 구성이 어떻게 되어 있는지 함께 확인해 보고 특징을 찾아보게 하였다. 평면도구를 이용하여 입체를 표현하는 것이라서 색깔이 하는 역할에 대하여 생각해 보도록 질문을 던지고 확인하며 수업을 진행할 준비를 갖추었다. 개인별로 활동 도구를 나눠주는 순간 학생들은 장난감을 받은 듯 얼굴이 환해지며 자신의 생각대로 여러 가지 모양을 만들어 갔고 색깔에 대한 의미를 부여하면서 친구들의 작품(?)도 확인하며 서로 얘기하는 모습이 참으로 정겨웠다. 손으로 만질 수 있고 생각하는 것을 직접 만들어 가면서 자신의 생각을 표현하고 눈으로 확인하는 것은 학생들을 수업에 적극적으로 참여하게 하는 중요한 부분이라 생각한다.

평면도형과 입체도형 탐구하기 - 폴리아몬드와 폴리큐브에 대한 탐구

매쓰맥-솔리드(Math Mag-Solid) 교구를 이용하여 폴리아몬드와 폴리큐브에 대하여 탐구하는 시간을 가졌다. 폴리아몬드란 정삼각형의 변을 서로 맞붙여 만들 수 있는 평면도형으로 교구를 이용하여 다양하게 만들었다. 정삼각형 1개를 이용한 모니아몬드, 2개를 이용한 다이아몬드, 3개를 이용하여 트리아몬드를 만드는 것은 생각을 많이 하지 않아도 쉽게 만들어지기 때문에 학생들은 금

방 완성한다. 테트리아몬드(4개), 펜티아몬드(5개)도 어찌어찌 완성한다. 그런데 정삼각형 6개로 만들어지는 헥시아몬드를 만드는 순간부터 조금씩 소란스러워지기 시작한다. 자신이 다 만들었는지 더 만들 것이 있는지 궁금해지고 만들어지는 최대의 개수를 만들어 냈는지 확인받으려고 한다. 내가 기다리던 순간이다. 이렇게 자유롭게 폴리아몬드를 만들어 가면서 생각이 필요한 순간까지 올 수 있도록 시간을 준 후 학생들에게 질문을 던진다. "너희들이 삼각형을 이용하여 만든 모양이 전부이며 또 다른 경우는 생기지 않는다는 것을 어떻게 설명할 수 있을까?" 모둠별로 친구들에게 설명해 보라고 하고 돌아다니며 학생들의 얘기에 귀를 기울이며 의견을 수집한다. 조금씩 양념을 얹어가며 학생들의 생각이 정리되어 논리적으로 설명할 수 있을 때가 되면 모니아몬드부터 헥시아몬드를 완성해가는 단계에 대하여 이야기 해준다. 삼각형은 변이 세 개이며 모니아몬드를 이용해 다이아몬드를 만들려고 할 때 생각해 볼 수 있는 경우의 수가 3이라는 것을 확인하게 한다. 모두 시행해 보고 그 중 다른 모양이 나올 때마다 정리를 하면 다이아몬드가 몇 종류 나오는지 알 수 있고 더 이상의 것이 없다는 것에 대한 확신이 생긴다는 것을 말해준다.

　이 방법으로 세 번째 트리아몬드를 만들 때는 경우의 수가 몇 가지 나오는지 질문해 보고 만들도록 하였을 땐 훨씬 더 빠르고 자신감 있게 완성하고 설명까지 덧붙였다. 그 다음은 순조롭게 진

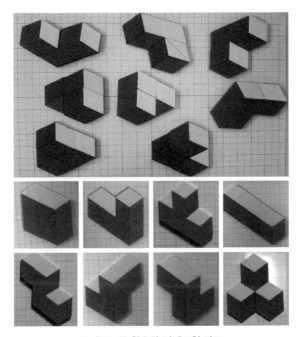

폴리큐브를 활용한 입체도형 탐구

행이 되었고 모둠별로 소통하며 과제를 스스로 완료할 수 있었다. 정육면체의 면을 서로 맞붙여 만든 입체도형을 폴리큐브라 하는 데 폴리아몬드를 만들면서 경우의 수를 생각하는 과정을 통해 완성했던 것을 적용하는 학생들이 많아졌고 기분 좋게 만들어 나갔다. 그런데 여기에도 난관이 있었다. 폴리큐브가 입체도형이다 보니 같은 모양인지 다른 모양인지 구분이 잘 가질 않았다. 학생들은 혼란스러워 했지만 손으로 만지며 하는 활동이 아닌가? 쌓기나무를 양면테이프를 이용하여 만들어가며 4개를 이용하여 만드는 테트라큐브까지 완성하였다. 모노큐브부터 테트라큐브까지 완성한 모양을 시간을 할애하여 매쓰맥-솔리드(Math Mag-Solid)로 표현하는 것을 해 보았다. 다양한 각도에서 도형을 바라보며 보여지는 모습을 나타내 보게 하였을 때는 신기해하기도 했다. 입체도형을 평면도형으로 표현하는 과정에서 색깔의 중요성을 다시 한번 강조해 주었다.

교사는 수업 시간에 학생들이 서로 소통하며 자신의 생각을 표현할 때는 논리적으로 사고하고 설명할 수 있도록 수업 중 발생할 수 있는 상황을 예측하고 그에 맞는 질문을 준비하며 학생들이 창의적, 논리적으로 사고할 수 있도록 준비하는 것이 필요하다.

소마큐브 탐구하기 - 쌓기나무를 이용하여 소마큐브 만들고 정육면체를 완성하는 방법 찾아보기

어려서부터 누구나 한 번쯤은 만져봤을 소마큐브, 7개의 조각을 잘 끼워 맞춰 정육면체를 만들고 다양한 모양을 만들어내며 성취감 같은 것을 느껴봤을 것이다. 폴리큐브의 종류를 탐색하고 나서 4개의 정육면체를 서로 면을 붙여서 만들 수 있는 테트라큐브의 종류를 찾았다. 8가지가 만들어졌고 쌓기나무가 32개가 사용이 되었다. 수업이 진행되는 동안 학생들이 만든 것을 정리해보고 모둠별로 확인해 주면서 오류가 생기지 않도록 교사의 개입이 필

요하다. 우선 소마큐브의 조각이 7개인 것을 생각하게 하고 8개 테트라큐브 중 하나를 버리라고 하면 학생들은 대부분 4개를 일렬로 붙인 것(1×4)을 뺀다. 그 이유를 물어보면 정육면체의 구조가 3×3×3이므로 4개는 사용할 수 없다고 한다. 그러면 남은 조각은 7개, 이것을 모두 사용하여 정육면체를 만들어 보라고 하기도 전에 학생들은 신나서 만들기 시작한다. '어? 이상하네, 왜 안 되지.' 허물고 다시 만들고 반복하며 정육면체를 만들다보면 모둠 중 누군가는 쌓기나무 조각 하나가 더 많다고 얘기를 한다. 그 말을 들은 학생들은 사용된 쌓기나무 개수를 세보고 소마큐브 조각에 사용된 쌓기나무 개수를 생각하며 비교한다. 또 질문이 나온다. '선생님, 어떻게 해야 해요?' 나는 이렇게 답을 해줬다. '게임은 어려워야 재미있지 않겠니? 그렇다면 쉬운 조각을 버리는 게 좋지 않을까? 너희들이 생각하는 쉬운 조각은 어떤 거야?' 학생들은 2×2 조각을 선택하고 그 중 쌓기나무 하나를 떼어버린다. 쌓기나무 3개가 남았고 트리큐브라는 것까지 질문도 안 했는데 얘기한다. 드디어 완성!!

자신이 만든 소마큐브 조각을 이용해서 정육면체 만들기를 시작했고 완성한 학생에게는 다시 만들어보라고 하면 고민을 해야 하고 쉽게 만들어지지 않는다. 모둠별로 친구들이 만든 방법과 비교를 해보면 서로 다르다는 것도 알게 된다. 그렇다면 정육면체를 만드는 방법은 여러 가지라는 것일까? 질문을 던지고 소마큐브 조각별 번호를 붙여준다. 번호는 똑같은 조각에 같은 이름을 붙이게 하고 헷갈리는 조각 2개가 있기 때문에 서로 확인해 주도록 한다. 번호가 붙은 조각을 이용해 정육면체를 완성하고 윗면, 중앙, 바닥으로 구분하고 자리한 위치에 번호를 써 보게 하면 정육면체를 만드는 방법이 여러 가지라는 것을 스스로 알게 된다. 무려 480가지나 된다는 얘기를 해주면 깜짝 놀란다.

수업이 끝나기 전에는 수업에 대한 느낀 점, 알게 된 점 등을 꼭 쓰게 하였는데 소마큐브 7개의 조각을 찾아내는 과정과 480가지(240가지라는 의견도 있음)의 정육면체를 만드는 방법이 있다는 것에 많이 놀랍기도 하고 스스로 찾아낸 것이 뿌듯했다고 쓴 학생들이 많았다. 놀이라고만 생각했던 것이 수업의 소재가 되고, 수업에 학생들이 몰입하게 할 수 있는 것이야 말로 소통과 사고가 함께 이루어지는 좋은 수업이 아닐까? 수업에 대해 항상 고민하고 일상 생활 속에서 적절한 수업 소재를 찾아다니는 부지런한 교사가 필요하다.

소마큐브를 이용한 겉넓이와 부피 구하기

1학년 자유학년제 주제선택 활동프로그램으로 구성한 것이라서 도형의 겉넓이와 부피 관련된 내용이 나오는 1학년 수학교육과정과 연결한 수업을 구성하였다. 겉넓이를 구하기 위해 정다면체에 대한 전개도는 그려봤겠지만 본 수업에서도 소마큐브 조각마다 전개도를 그려보게 하였다. 학생들이 면의 개수를 신경 쓰면서 전개도를 그렸는데 확신이 없어 했다. 직접 자신이 만든 전개도를 오려서 만들어 보도록 했더니 점점 전개도를 수정해 가며 완성해 나갔다. 이 활동으로 겉넓이에 대한 개념을 알고 나면 조각마다의 겉넓이는 쉽게 해결이 되었다. 또한 조금은 복잡해 보이는 입체도형도 전개도를 그릴 수 있고 그것을 완성했다는 것에 뿌듯함을 느끼는 것 같았다.

다음은 부피 구하기이다. 쌓기나무 1조각의 부피를 1로 보았을 때 소마큐브 7개의 조각의 부피는 어떻게 될까? 당연히 4조각을 사용한 것은 4라고 쉽게 얘기할 것이다. 쌓기 나무의 사용 개수가 다양한 경우의 부피를 확인하는 방법을 찾아보도록 다음과 같은 조건을 주었다.

- 공중에 떠 있는 조각이 생기지 않도록 부피를 구하고자 하는 조각을 바닥에 놓기
- 밑면의 모양을 마름모 격자에 그리기
- 각 면의 위에 쌓인 쌓기나무 개수를 적어보기

이 과정을 거치니까 도형을 관찰하는 시선도 변화가 생기고 논리적으로 사고를 하려했다. 또한 질문에 대한 답변을 할 때 막연한 답변이 아니라 근거가 타당한 답변을 하려고 노력했다. 교사

가 학생을 평가할 때에는 문제 상황에 직면한 학생이 만들어낸 결과만 보고 판단하는 것이 아니라 학생이 문제 상황을 어떻게 이해했고 해결하기 위해 어떤 사고를 했는지를 들어가며 피드백을 해 주는 과정중심평가가 이루어져야하며 이러한 수업 환경을 구성하기 위한 교사의 끊임없는 노력이 요구된다.

라보카 게임 만들기 – 단계를 높여가며 창의적인 도안 만들기

요즘은 다양한 수학 관련 보드게임이 많이 있어 학생들이 힘들어 할 때 재충전의 방법으로 수업 내용과 관련성이 있는 보드게임을 하기도 한다. 보드게임 중 소마큐브 조각과 비슷한 것을 이용한 라보카 게임이 있다. 서로 마주보고 앉아 자신이 보고 있는 카드의 모양대로 큐브조각을 쌓는 것으로 2인이 서로 대화를 해가며 카드의 앞뒷면 그림을 한 세트의 큐브 조각으로 완성하면 된다. 게임의 방법을 알고 익숙해 질 수 있도록 모둠별로 충분하게 시간을 준다. 어느 정도 게임을 익히고 완성하는데 걸리는 시간을 측정하면 서로의 대화가 중요하다는 것을 알고 대화가 오고간다. 그런데 상대방의 카드를 고려하지 않은 채 자신의 생각만 그대로 표현하게 되면 함께 완성해야하는 모양이 만들어지기 어렵다. 자신의 카드와 상대방의 카드를 함께 읽어 가려면 소통하는 언어가 있어야 한다는 것을 게임을 진행하면서 학생들은 알게 되고 '1층, 2층, 왼쪽에서 두 번째, 오른쪽에서 첫 번째 3층'이란 약속된 상황을 말하면서 훨씬 더 빠르게 완성했다.

라보카 게임을 충분히 익히고 나서 미션을 주었다. 소마큐브 조각으로 직접 게임을 만드는 것이다. 처음에는 만드는 공간을 넓게 주었더니 크게 흥미가 가질 않아 4×4로 공간을 재구성하여 카드를 만들도록 하였다. 1부터 7까지 번호가 붙은 조각을 자신이 원하는 디자인으로 조립을 하고 앞뒷면 카드를 만들었다. 만든 카드를 갖고 모둠별로 게임을 했는데 쉬운 듯 해보여 다음 단계 미션을 주었다. 앞, 뒤, 좌, 우의 4장의 카드를 만들고 네 명이 완성해 가는 것이다. 앞, 뒤 두 장만 맞춰보고 나머지 면이 좌, 우의 카드와 같은 지 확인해 보면서 좌, 우도 여러 가지 상황이 만들어진다는 것을 알게 되고 4장의 카드를 동시에 만족하는 모양을 만든다. 시간이 훨씬 더 많이 걸렸지만 학생들은 금방 익숙해졌고 점점 숨기는 큐브를 만들어 내면서 게임의 난이도를 높여갔다. 마지

소마큐브를 이용한 라보카게임 만들기

막으로 확인이 가능한 마지막 한 면이 있다는 것을 알려주고 5개의 면을 나타내는 카드 세트를 만들고 게임을 진행했더니 어렵지만 재미있어 했다.

누군가 만들어 준 게임이 아닌 직접 구상하고 만든 자신의 게임을 누군가 즐겁게 사용한다는 것에 더 큰 기쁨을 느끼지 않았을까? 주변을 둘러보면 라보카 게임처럼 교과 내용과 밀접한 관계가 있어 새로운 규칙을 만들어 게임을 만들 수 있는 것이 많을 것이다. 항상 학생들에게 교육과정 속의 지식적인 부분을 알게 해야 한다는 의무감으로 교직생활의 절반 이상을 여유 없이 지내오다가 10여 년 전부터 새로운 수업 방법, 체험을 통한 수업 구성에 관심을 갖고 학생들과 함께하며 조금씩 변화를 가져오게 되었다. 자유학년제 도입으로 학교에 큰 변화가 일어나고 교원학습공동체를 구성하여 서로의 생각과 방법을 나누고 수업을 디자인하는 교사들의 열정에 점점 빠져들었다. 보다 더 넓게, 다양하게 세상을 보게 되면서 교사라는 직업에 대해 진한 매력을 느끼고 있다.

불가능 도형을 표현하고 이유를 찾아 설명하기

하나의 도형 사진을 보여주고 똑같이 사진으로 찍어 보라고 했더니 학생들마다 같은 듯 참 많이 다른 사진이 나왔다. 도형을 바라보는 관점에 따라 다른 결과가 나오는 것을 학생들이 이해할 수 있도록 불가능 도형에 대한 내용을 구성하였다. 우선 펜로즈 삼각형 사진을 보고 매쓰맥-솔리드(Math Mag-Solid)로 표현해 보기를 하였다. 교구에 대한 충분한 이해가 되지 않으면 맞는 듯 아닌 듯 어색한 부분이 생기면 서로 협력해 가며 수정을 해서 완성한다. 다음은 펜로즈 삼각형을 쌓기나무로 만들기를 해보았다. 학생들끼리 서로 만든 것을 비교해 보면서 만들 수 없다는 것을 찾아내고 사진 속의 것을 어떻게 만들었는지 궁금해했다. 궁금증 유발과 함께 펜로즈 삼각형과 몇 가지 불가능 도형의 도안을 이용하여 모둠별로 만들기를 하고 각자 사진을 찍고 사진 속의 도형은 불가능한 도형인 이유를 서로 얘기하도록 하였다. 한 명씩 자신이 찍은 사진과 도안을 이용하여 만든 작품을 놓고 수학 용어를 사용하여 불가능 도형에 대한 설명을 할 때 또 다시 어려움이 찾아왔다.

불가능의 이유는 알고 있는데 상황에 맞는 수학 용어를 선택하여 설명하는 것을 학생들은 어려워했고 이 때 교사는 학생이 사용하고 싶어 하는 용어에 대해 언급해주면 끝까지 자신의 생각을 설명했다. 누군가 앞에서 하고 싶은 얘기를 하는 것은 쉬운 일이 아니다. 혼자서 문제를 풀고 그 결과에 의해 학생의 수준을 평가했던 것은 학생들이 창의적으로 생각하고 자신의 생각을 논리적으로 설명하고 자신감을 갖는데 많은 도움을 주진 못했다. 교사는 학생들이 자신의 생각을 정리하고 서로 소통하며 의견을 공유하면서 문제 상황을 최적화하여 학습 목표에 도달할 수 있도록 대화의 장을 마련해줘야 할 것이다.

배움 = 성장 = 삶

30여 년 가까이 수업을 했어도 항상 수업을 할 때는 긴장되고 수업을 마치고 교실 문을 열고 나올 때의 나의 기분이 학생들과 소통의 결과를 말해준다. 수업의 준비, 계획, 과정 모두가 어떻게 연결되었고 실현된 정도에 따라 수업에 대한 나의 만족도는 달라진다. 많은 시간을 투자하여 수업을 계획했어도, 반마다 같은 내용의 수업을 하더라도 학생들과의 소통 정도에 따라, 반응 정도에 따라 만족도가 다르다. 결국 학생들의 배움의 정도와 수업을 통해 성장하는 것이 보이느냐가 내 수업의 만족도를 나타내는 것 같다.

본 수업을 진행하면서 학생들을 자극할 수 있는 주제를 찾고 학습 내용에 대해 스스로 생각하며 서로 협력하여 다음 단계로 나아가고 또 거기에 새로운 주제를 얹고 다시 생각하며 의견을 나누는 것을 통해 교사도 학생들에게서 배우며 성장한다는 것을 보게 되었다. 학교 현장은 지식을 많이 알려주는 곳이 아닌 필요하면 언제든지 찾아볼 수 있는 지식을 바탕으로 생각하는 힘을 길러주고 서로 협력하며 미래를 꿈꿀 수 있는 역량을 키워갈 수 있는 곳이어야 하지 않을까?

그런데 긴 교직 생활을 거쳐 오며 수업에 대해 나름대로 정의를 내리고 만들어가는 내게 코로나 19라는 새로운 난관이 나타났다. 한 학기를 정신없이 보내고 나서 2학기를 준비하며 언택트 시대에 맞는 수업 구성을 찾고 고민하고 있다. 하루 종일 마스크를 쓰고 수업을 들어야 하는 학생들, 움직임이 많은 학생들을 고려하여 일과시간을 조정하다 보니 수업에 대한 기준이 다시 흔들리는 것 같아 아쉬움이 생기기 시작했고 그래서 평가계획을 세울 때 학생들의 의사소통, 자유로운 사고와 수학체험을 할 수 있는 내용으로 구성된 원격수업을 준비해 보았다. 수업을 하는 공간은 이제 중요한 것이 아닌 듯하다. 학교의 존재 유무에 대한 고민이 생겨나기도 하지만 학교 존재의 필요성을 교사로서 어필하고자 한다면 교육과정을 어떻게 구성하고 수업하느냐가 결정한다는 생각이 든다.

어떤 공간에서도 실행할 수 있는 교육과정 재구성을 통해 다양한 수업 방법을 적용하면서 학생들이 흥미를 갖고 수업에 참여하며 스스로 배워가는 수업, 삶에 바탕을 둔 실질적이고 경험적인 학습이 이루어져야 할 것이다. 학생이 현재의 삶을 자유로운 사고를 바탕으로 즐겁게 살 수 있고 자신과 함께 앞으로 나아가는 친구들을 경쟁 상대가 아닌 협력의 대상으로 생각하고 성장해 갈 수 있도록 수업은 구성되어야 하며 교사는 옆에서 조력자가 되어 함께 동행하고 성장해 가며 그 자체가 삶의 일부가 되어야 할 것이다.

차시	활동주제	활동 내용
1~2	수학이란?	오리엔테이션 및 운영계획 소개
3~4	삼각형을 활용한 평면도형의 탐구	- 매쓰맥-솔리드(Math Mag-Solid) 조각으로 관찰 및 수학적 성질 설명하기 - 폴리아몬드의 종류별 가능한 모양의 개수 찾아보기
5~6	마름모를 활용한 평면도형의 탐구	- 마름모 3개를 이용하여 만들 수 있는 모양을 찾고 방법을 설명하기
7~10	쌓기나무를 활용한 입체도형의 탐구	- 폴리큐브의 종류별 가능한 모양의 개수 찾아보기 - 테트라큐브의 가능한 모양을 매쓰맥-솔리드(Math Mag-Solid)를 이용하여 평면에 나타내기
11~18	소마큐브 탐구하기	- 쌓기나무로 소마큐브 조각을 만들고 각 조각을 위치 별로 본 모양을 색칠하기 - 소마큐브 넘버링하고 정육면체 만들기 - 소마큐브로 퍼즐 모양을 여러 가지 방법으로 만들기 - 소마큐브의 겉넓이와 부피 구하고 방법 설명하기
19~24	보드게임 - 라보카	- 보드게임 라보카 게임 이해하기 - 나만의 라보카 게임 만들기 -모둠별로 게임해 보고 오류 찾기
25~28	불가능 도형 탐구하기	- 펜로즈 삼각형 만들어 관찰 후 평면에 매쓰맥-솔리드(Math Mag-Solid)로 표현하기 - 불가능한 입체모형들을 관찰 후 평면에 매쓰맥-솔리드(Math Mag-Solid)로 표현하기
29~32	자신을 상징하는 로고 만들기	- 생활 주변에서 볼 수 있는 것을 매쓰맥-솔리드(Math Mag-Solid)로 표현하기 - 매쓰맥-솔리드(Math Mag-Solid)로 나만의 창의적 작품 만들고 발표하기
33~34	주제선택 활동 마무리	활동 소감문 작성하고 발표하기

매쓰맥 도형탐구 활동계획

※ 차시별 블록수업 2시간 운영

생각 쑥! 역량 쑥! 교과연계 주제선택 수업

참고자료

- 2005년도 교육청 영재 심화 교수-학습자료 : 소마큐브의 해 탐구(RM2004-45-16)
  (www.kedi.re.kr/khome/main/research/selectPubForm.do?plNum0=434)
- 2017년 체험수학연구회 '도형을 활용한 창의적 수학활동' 프로그램 자료
- 매쓰맥-솔리드(Math Mag-Solid) 교구 내 삽입자료

세상을 바라보는
힘을 기르는
Media Literacy

주제가 있는 사회과
Media Literacy 수업 하기

〜〜〜〜〜〜〜〜〜〜〜〜〜〜〜〜〜〜〜〜〜〜〜〜〜〜〜〜

미디어가 미치는 영향력이 막강한 시대를 살아가야 할 학생들이 미디어가 쏟아내
는 많은 말들을 모두 진실로 믿어 버리는 현실이 늘 안타깝고, 교사로서 중요한
책무를 다 하지 않는 느낌이다.
"따지는 목소리가 사회를 바꾼다."는 교사로서의 신념을 담아 학생들과 나눈
미디어 리터러시 수업에 대한 경험을 이야기한다.

〜〜〜〜〜〜〜〜〜〜〜〜〜〜〜〜〜〜〜〜〜〜〜〜〜〜〜〜

코로나 19 환경에서 Media Literacy 수업하기

BC ? AC ?

요즘 학생들에게 BC와 AC는 어떤 의미일까? 최근 역사 수업 시간에 학생들에게 위 그림을 보여주면서 수업을 시작해 보았다. 지금까지 역사를 구분하는 시기적 표현 이외에 요즘은 '코로나 전(Before Corona)과 코로나 후(After Corona)로' 세상을 나누는 기준으로 표현된다는 말에 공감하는 학생들을 보면서 안타까움과 미안함이 동시에 들었다.

코로나 19가 우리 사회의 참 많은 부분에 변화를 주고 있다. 학교 역시 지금까지 겪어보지 않은 길을 학생과 교사가 함께 걸어가는 느낌이다. 2020년 2월 온라인 원격수업에 대한 준비를 하면서 내가 근무하는 학교는 온라인 원격수업 플랫폼으로 e-학습터

뉴스 읽어주는 건호쌤 썸네일

를 선택했다. 쌍방향 대면 수업에 대한 교사들의 준비가 현실적으로 아직 부족했고, 교실에서 쌍방향 수업을 할 수 있는 기자재도 마련되지 않았기 때문이다. 그래서 교사 스스로 교과 수업을 촬영하고 그 내용을 공통된 플랫폼에 올리는 방식의 수업을 시작했다. 온라인수업을 위해 필요한 장비를 구입하는데, 컴퓨터 화면에서 펜글씨를 쓸 수 있는 일부 장비는 온라인에서 품절되는 웃지 못할 경험을 겪기도 했다. 동료 교사들과 영상촬영이나 편집에 대해 서로 얕은 지식을 공유하며 수업 소개를 위한 썸네일을 만들고, 촬영한 영상을 편집하고, 자막을 만들어 넣는 작업들이 이 시기에 본격적으로 이루어졌다. 나 스스로는 이 시기를 '온라인수업 시즌1'이라고 부르고 싶다.

스마트한 대한민국 교사들은 또 어찌어찌 온라인 수업에 적응해 갔다. 물론 여전히 외부 동영상 수업을 끌어와서 자신의 수업으로 대체하는 교사들도 있었지만 많은 교사들이 새로운 수업 환경에 적응하려고 노력하는 모습이 인상적이었던 시기이기도 하다.

　온라인 수업환경에서도 평소 관심을 가지고 있던 미디어리터러시 수업의 큰 방향은 꾸준하게 유지하고 싶었다. 그래서 수업 동기유발의 과정에 '뉴스 읽어주는 건호샘'이라는 활동을 만들어 매일매일 수업시작 전 뉴스나 음악, 뉴스이미지 등에 대한 다양한 미디어 관련 이야기를 학생들과 함께 나누고자 하였다. 특히 기억에 남는 건 뉴스리터러시 첫 주제활동으로 코로나 19 초기 상황에서 '이 상황을 우리가 함께하고 있다는 것'이라는 주제를 전하는 부분이었다.

　이때 만들었던 수업이 '주제가 있는 뉴스리터러시-힘내라 대한민국(달빛동맹과 의료봉사로 코로나를 극복하는 사람들)'이다. 코로나 19 확산 속에서 나타난 대구와 광주의 지역 간 화합과 의료진의 헌신의 사례를 중심으로 수업을 구성함으로써 재난을 극복하려고 노력하는 평범한 사람들의 이야기를 학생들에게 전달하고자 하였다. 특히 바이러스 확산으로 인해 나타나는 인간에 대한 혐오 문제를 함께 고민하고, 코로나 사태 이후 우리의 일상에 많은 부분이 변했지만 우리 사회가 지켜온 사람을 귀하게 여기는 가치(인권)는 잃지 않았으면 하는 마음을 담아 지도안과 학생활동지를 구성해 보았다. 수업에 대한 교사의 의도가 얼마나 학생들에게 전달되었는지 알 수 없었지만 수업을 끝내고 뒤돌아 나오면서 느낀 왠지 모를 뿌듯함은 교사만이 알 수 있지 않을까?

5월 말부터 온라인 수업에서 등교 수업으로 전환이 되고 1학기도 어느덧 마무리가 되었다. 일주일이라는 짧은 방학을 뒤로하고 2학기를 시작할 준비를 할 무렵 코로나 19의 재확산으로 개학 연기와 함께 나에게도 '온라인 수업 시즌2'가 시작되었다. 2학기 원격수업은 학교 전체가 쌍방향 실시간 수업을 전면적으로 도입하기로 하였다. 1학기에 활용했던 e-학습터는 진도율은 파악할 수 있었으나 학생들과의 실시간 의사소통에는 한계가 있었고 학생들의 수업 후 활동에 대한 실시간 피드백이 어려웠기 때문이다. 올해 처음 부임한 신규교사부터 정년을 목전에 둔 원로 교사까지 서로서로 도와가며 원격 수업을 준비하였다. 물론 1학기와 2학기에 서로 다른 플랫폼을 사용하는 것이 쉽지 않았고 이에 대한 여러번의 논의도 있었다. 하지만 원격 수업이 단기간에 끝나지 않을 것이라는 게 교사들의 공통된 의견이었고, 그래서 교직원 회의를 통해 Google Meet를 기반으로 원격수업을 준비하기로 하였다.

　쌍방향 수업에 가장 많이 활용되던 플랫폼 중 Zoom과 Goog-

Google Meet를 활용한 실시한 수업

le Meet를 비교하며 최종 선정하기로 하였다. 기존에 교사들이 사용하던 구글클래스와의 연계성, 학생들 계정관리의 간편함 등을 장점으로 Google Meet를 플랫폼으로 선택하였다. 교실마다 학급별 계정을 만들어 Google Meet 접속 전용 노트북을 설치해 두었고, 수업 시간에 교사들은 자신의 노트북을 가지고 자료를 화면공유 하면서 수업을 진행하였다. 매일 학급별 시간표에 따라 빈 교실에서 온라인 수업하는 교사들의 모습이 어느새 익숙해져 갔다.

3학년 학생들을 대상으로 한 사회 수업은 디지털 교과서를 화면 공유형태로 제시한 상태에서 수업을 진행할 수 있어서 장점이 있었다. 다만 실시간 쌍방향 수업 환경상 학생들에게 동영상을 제공할 때 동영상 화질이 흐려지거나 학생이나 교사의 접속이 중간에 끊어지는 한계도 있었다. 또 Google Meet에서는 유튜브 영상을 보여주는데 최적화된 별도의 Chrome 탭 메뉴가 있으나 디지털교과서 화면을 다시 보여줄 때는 Google Meet 발표 형태를 바꿔야 하는 번거로움도 있었다. 선생들의 수요에 따라 교실마다 와이파이망을 추가로 구축을 하고 칠판 수업 촬영을 위한 삼각대를 교실마다 설치하는 등 시설에 대한 보완도 이루어졌다.

9월 1일 2차 원격 수업이 시작되었다. 수업이 시작되고 30분이 넘도록 접속조차 못하는 학생들을 챙기고 비몽사몽 꿈나라에서 헤매고 있는 학생들을 반협박, 반애원으로 깨워야 하는 일상이 시작된 것이다. 2차 원격 수업 첫 시간에는 서울 광화문에 걸린 광

생각 쑥! 역량 쑥! 교과연계 주제선택 수업

1학생 1신문 읽기

고 하나를 보여주며 수업을 시작했다. '모든 것들이 제자리로 돌아오는 풍경'이라는 노랫말을 보면서 학생들과 일상에 대해 소통하는 것이 수업의 목표였다. 학생들에게 생소할 시인과 촌장 노래도 들려주고 싶었으나 역시 요즘 학생들에게는 큰 공감은 없었나 보다. 그래도 수업하는 선생님의 마음은 알아주면 좋겠건만.

사람은 적응의 동물이라는 말을 새삼 실감하는 요즘이다. 실시간 온라인 수업에 어떻게 적응할지 걱정하던 것이 어제 같은데 또 이 환경에 적응해 가는 교사와 학생들을 보면서 또 한 번 감탄한다. 수업 중 판서는 한글 워드로 대체하고, 동영상 공유는 유튜브에서 해결하고 또 학생들에게 발표, 교과서 지문 읽기, 심지어 창체활동까지 온라인으로 다 할 수 있는 세상이 되었다. 이제는 교사가 자신이 가지고 있는 교육철학만 수업 안에 더 녹이면 되지 않을까 생각한다. 수업의 질은 결국 교사의 몫이니까.

미디어수업 교실에 적용하기!!

프랑스의 교사 소피마제(Mazet)가 쓴 지적 자기방어를 위한 메뉴얼을 주제로 한 《너희 정말, 아무 말이나 다 믿는구나!》라는 책을 읽을 기회가 있었다. 프랑스는 미디어교육에 일찍부터 관심이 많은 나라라는 걸 알고 있었지만, 국가적으로 교육부 산하에 미디어 전문교육기관인 끌레미(CLEMI)같은 기관을 두고 매년 '학교에서의 언론과 미디어 주간(la Semaine de la Presse et des Médias dans l École)'과 같은 전국적인 미디어교육 행사를 주관한다는 것이 매우 흥미로웠다. 철학적인 주제에 관심을 가지고 미디어교육에 접근하는 그들의 모습에 많은 생각을 할 수 있는 계기였다.

프랑스의 현직 교사가 쓴 책이라 동료의식이나 학교현장에서

공감이 되는 부분이 많았다. "따지는 목소리가 사회를 바꾼다."는 의도로 교사가 수업을 구성했지만 가짜 기사를 수업시간에 너무나 진지하게 읽고 고민하는 학생들을 마주하면서 미디어교육의 필요성을 절감했다는 그녀의 글을 읽으며 우리 학교 교실의 학생이 생각나는 것은 왜일까?

교실에서 현재 우리가 만나는 학생들을 이해하기 위해서는 과거 어른들이 미디어를 소비하는 방식과 다르게 학생들이 미디어를 소비하고 있다는 것을 이해할 필요가 있다고 생각한다. 지금 학생들이 미디어를 소비하는 방식을 빈지와칭(binge watching)이라고 한다. 우리말로 풀어보면 몰아보기라고 표현하면 적절할 듯하다. 유튜브를 보거나 드라마를 볼 때 하나의 주제나 하나의 작품을 몰아서 소비하는 방식이다. 이런 소비 방식은 다양한 미디어를 폭넓게 이해하기 보다는 자신의 취향에 따라 편향적으로 미디어를 소비할 수 있다는 점에서 주의가 필요하다. 그래서 학교에서 진행되는 미디어교육에서는 다양한 미디어를 경험할 수 있게 하는 것이 필요하다.

미디어수업을 하면서 되도록 다양한 미디어를 활용하고자 하였다. 대표적으로 언론사별 뉴스 영상, 유튜브, 광고, 신문 등이 그것이다. 특히 종이신문은 여전히 매력적인 매체라고 생각했다. 학생들에게 종이신문은 친숙하면서도 낯선 대상이다. 스마트폰이나 인터넷 포털을 활용한 뉴스 읽기에는 매우 익숙한 세대이지만 인

프랑스 언론과 미디어 주간 포스터

쇄된 종이신문으로 뉴스를 접하는데 매우 낯설어하는 모습을 보였기 때문이다. 매일 아침 읽기 활동에 어려움을 보이는 학생들도 많았다. 정보를 받아들이는 도구로 유튜브와 같은 영상매체에만 의존했기 때문이다. 하지만 전문적인 지식을 요구하는 학습에는 여전히 활자로 인쇄된 책들이 활용되고 있기 때문에 인쇄 매체의 중요성을 학생들에게 강조하는 것을 놓칠 수 없었다.

최근 혼합형 수업(Blended Learning)이 미래수업의 대안적인 형태로 대두되고 있다. 온라인과 오프라인 교육을 혼합한다는 의미에서 시작된 블렌디드 러닝은 미디어교육에서도 유용하게 활용될 수 있다는 생각이다. 종이신문 읽기와 같은 활동은 대면수업에서 활용할 수 있고, e-NIE는 온라인 수업에 활용할 수 있을 것이다.

온라인 수업에 활용할 수 있는 하나의 도구로써 한국언론진흥재단에서 배포하는 e-NIE의 가장 큰 강점은 검색 기능이었다. 학생들이 e-NIE를 활용하여 특정 주제를 반영하는 기사를 검색하거나 정보탐색활동을 할 때 매우 유용하게 활용 할 수 있었다. 교과서에 제시된 사례는 정보의 양이나 시의성 면에서 아쉬움이 있기 때문에 관련 정보를 온라인 수업 중 학생들이 직접 탐색할 수 있다면 큰 장점이 될 수 있다. 기존의 포털사이트 검색과는 다르게 언론사들이 하나의 이슈를 다루는 방식을 서로 비교하는 데에도 큰 도움이 되었다. 언론사별 1면 제목이나 사진을 서로 비교하거나 특정 이슈를 언급하는 빈도를 분석할 수 있게 했다. 우리나라처럼 양극단으로 관점이 나누어진 상황에서 뉴스를 비교하고 자신의 언론관을 갖는 것은 매우 중요하기 때문이다.

하지만 한계점도 역시 있다. 한국언론진흥재단에서 제공하는 e-NIE는 미디어교육 운영학교를 대상으로 제공되는 서비스인 만큼 일반학교 학생들의 회원가입 절차가 번거롭고 재단의 승인을 받아야 하기때문에 접근성이 높지 않은 단점이 있다. 그래서 교육부 차원에서 교육적 활용 가치가 높은 온라인 프로그램의 경우 교사 및 학생들의 접근성을 높일 수 있도록 지원하는 것이 필요하다고 생각한다.

미디어수업에 대한 새로운 관점을 제시한 CML 연수

나에게 미디어리터러시 수업은 교직생활 10년차에 접어들면서 행운처럼 찾아왔다. 학교생활이 매너리즘에 빠질 때 즈음 미국 CML에서 진행되는 교사 대상 연수에 선발된 것이다. 매년 한국언론진흥재단에서 현직 교사들을 대상으로 미디어리터러시 교육 연수 대상자를 선발하는데 큰 기대 없이 지원하였다가 덜컥 뽑혀버린 것이다. 한창 2학기 학사 일정이 진행되는 학기 중인 11월에 연수 일정이 잡혀 학교와 가족들의 눈치를 보아가며 어렵게 미국 LA로 향하는 비행기에 오를 수 있었다.

미디어 리터러시 연수 기관이었던(CML Center for Media Literacy)은 1977년 설립된 미국 내 미디어 리터러시 교육 분야에서 손꼽히는 비영리교육기관이다. 독창적인 미디어 리터러시 방법론(미디어 리터러시의 5가지 주요 콘셉트와 질문)을 개발하여 어떤 미디어에도 적용될 수 있는 미디어교육 방법론을 교사들을 대상으로 연수하고 있었다.

'메시지'는 항상 옳은가?

LA의 Malibu지역에 위치한 Serra Retreat Center에서 Tessa Jolls의 지도하에 CML의 다섯 가지 핵심개념 및 주요 질문이라는 주제로 수업을 받을 수 있었다. 기존 우리가 학교현장에서 진행했던 NIE 수업이 뉴스기사와 사설을 읽고 요약하는 등 일방적인 개념학습과 읽기학습에 치중했다면 CML에서의 미디어교육은 '메시지는 항상 옳은가?'라는 질문을 중심으로 다양한 미디어를 소비자와 제작자의 입장에서 해체하려고 시도한다는 것이 가장 큰 차이점이다.

	주요단어 (Key Word)	주요질문 해체 (소비자입장) Deconstruction : CML's 5Key Questions	핵심개념 (CML's 5Core Concepts)	주요질문 구성 (생산자입장) Construction : CML's 5Key Questions
1	저자 (Authorship)	누가 이 메시지를 만들었는가?	모든 메시지는 구성되어 있다.	내가 무엇을 제작하고 있는가?
2	형식 (Format)	나의 관심을 끌기 위해 어떤 창의적인 방법 혹은 기술이 사용되었는가?	매체가 전달하는 메시지는 특유의 언어로 만들어져 있다.	내 메시지가 형식과 창의성 그리고 기술에 대한 이해를 반영하는가?
3	청중 (Audience)	사람들은 같은 메시지를 어떻게 다르게 해석하는가?	사람마다 같은 메시지를 다르게 해석 혹은 이해한다.	내 메시지가 겨냥한 청중들의 관심을 끌 만한가?
4	내용 (Content)	이 메시지 안에 어떤 생활양식, 가치관, 관점들이 포함 혹은 생략되었는가?	미디어에는 가치관이나 관점이 포함되어 있다.	내가 생활양식 관점 혹은 가치관을 지속적으로 명백하게 메시지 안에 표현했는가?
5	의도 (Purpose)	이 메시지는 어떤 목적으로 전달되었는가?	대부분의 미디어 메시지들은 수익이나 영향력을 얻기 위해 구성된다.	내가 나의 의도를 효과적으로 전달하고 있는가?

〈CML의 5가지 핵심개념과 주요 질문들〉

CML의 미디어교육 방법론은 저자(Authorship), 형식(Format), 청중(Audience), 내용(Content), 의도(Purpose) 등 5가지 핵심개념으로 구성되어 있다. '저자' 요소는 우리가 접하는 미디어가 결국 다른 사람의 해석을 통해 제시된 2차적인 산물이라는 점에 주목한다. '형식'은 메시지를 전달하는 미디어 특유의 '언어'에 주목한다. '청중'은 미디어를 수용하는 사람들의 경험치와 가치관, 관점 등에 따라 메시지를 받아들이는 데 차이가 있다는 점에서 중요한 요소가 된다. '내용'의 측면에서도 비슷하게 적용될 수 있다. 즉 메시지의 내용에는 가치관, 관점, 생활양식 등이 포함되어 있다는 것을 의식하며 미디어를 받아들여야 한다는 점이다. 마지막으로 '목적'은 미디어에서 제시하는 대부분의 메시지가 정치적·경제적 영향력의 획득을 목적으로 하고 있다는 것을 전제하고 있다.

CML 지도교사 Tess Jolls의 미디어 비판적 읽기수업 실습

미디어에 표현된	신문 1면에서	기획구성
남성과 여성의	여성과 남성의	발표 및 피드백 하기
불평등 사례 찾기	노출 빈도 분석하기	

    미디어 리터러시의 필요성에 대한 기본개념을 공부하는 과정을 마치고 진행한 실습 수업에서는 다양한 미디어에서 여성과 남성을 어떻게 묘사하고 있는지를 비판적으로 살펴볼 수 있었다. 가장 기초적인 방법으로 미국의 주요 일간지 1면에 게시된 뉴스기사에 등장하는 남성과 여성을 각기 다른 색의 형광펜으로 체크해보도록 하였다. 기사를 작성한 기자와 사진 및 기사 속에 언급된 인물의 이름을 통해 남성과 여성을 유추해서 표기하는 방법인데, 이름만으로 여성인지 남성인지 구분 짓기에는 한계가 있지만 언론매체가 주로 남성중심으로 표현되고 여성은 대부분 외모나 신체를 강조한 광고면에 등장하고 있음을 확인할 수 있다는 측면에서는 의미 있는 활동이었다. 미국의 주요 미디어조차도 대부분 남성 중심의 서술이 이루어지고 있으며 여성에 대한 서술은 상대적으로 적었다. 이 활동은 학교수업에서도 같은 방법으로 학생들을

대상으로 서로 다른 두 가지 색의 펜을 준비하게 하고 신문 1면을 분석하게 하였다. 우리 언론 역시 대부분 남성 중심으로 뉴스가 구성된다는 것을 확인할 수 있었다. 뉴스를 만드는 기자부터 남성들이 대부분이고, 뉴스의 대상이 되는 정치인이나 기업인 역시 남성들이 대부분이 상황에서 어찌보면 당연한 결과일 수도 있다. 하지만 이런 활동을 통해 학생들이 미디어를 단순히 소비만 하는 것이 아니라 미디어에 대한 비판적 읽기의 방법을 경험 한다는 측면서 시도해볼 만한 수업 활동이라고 생각한다.

미디어 근접분석 활동(광고 영상 속 숨겨진 의미 찾기 활동)

CML에서의 연수 과정에서 가장 흥미로운 점을 꼽으라고 한다면 바로 광고를 분석하고 수업에 활용하는 부분이다. 그 중 Saturn 자동차 브랜드에서 제작한 ION이라는 자동차에 대한 광고 분석이 가장 기억에 남는다. Saturn이라는 자동차 브랜드는 우리에게는 생소한 자동차 브랜드이지만, 미국에서는 GM의 산하 브랜드로서 대중적인 자동차 브랜드이다. CML에서는 광고분석하기에서 먼저 미디어가 소비자들에게 말하지 않는 것들에 주목한다. 그러면서 대부분의 학생들은 Saturn이라는 브랜드가 하나의 자동차 회사로 인식하는 경우가 많다는 것을 강조했다. 우리로 치면 학생들이 '제네시스라는 자동차 회사를 알아요!!'라고 답하는 것과 같은 논리이다. 그 뒤에 'GM'이나 '현대'라는 글로벌 기업이 있다는 것을 학생들이 간과하고 있는 것이다. 이것은 미디어 생산주체인 기업이 자신들이 의도하는 목적을 위해 의도적으로 모기업을 의도적으로 노출하지 않는 경우가 많기 때문일 것이다.

예를 들어 글로벌 자동차 브랜드들은 자사의 자동차들과 차별화를 위해 럭셔리 브랜드(luxury brand), 또는 프리미엄 브랜드(premium brand) 전략을 추구한다. 도요타의 '렉서스', 닛산의 '인피니티', 르노의 '알피느', 현대의 '제네시스' 등이 그것이다. 대부분의 학생이나 소비자는 렉서스나, 인티니티, 제네시스 등을 하나의 독자적인 회사로 인식하고 그 뒤에 숨어 있는 글로벌 모기업에 대해서는 소홀했다. CML은 바로 이 부분에 주목한다. 미래의 소비자가 될 학생들은 광고에 이면에 숨겨져 있는 많은 사실들 비판적으로 바라볼 수 있어야 한다고 주장하는 것이다. 그 대표적인 방법이 '미디어 근접분석 활동'이다. 미디어를 다양한 관점에서 분석해서 기업이 일방적으로 제시하는 관점 이외에 다양한 관점에서 미디어를 스스로 분석할 수 있게 하자는 취지의 수업 내용이다.

먼저 '미디어 근접분석 활동1.'에서는 하나의 광고를 각기 다른 방법으로 4회에 걸쳐 분석하게 한다. 먼저 '일상적으로', 두 번째는 '소리 없이 화면만', 세 번째는 '화면 없이 소리만', 네 번째는 '관찰이벤트'를 제시하여 광고를 분석하게 하는 활동이다. 이 활동을 통해 평소 하루에도 수십 편 이상 무심히 바라보던 광고를 비판적으로 바라볼 수 있다는 점에서 의미 있는 활동이었다.

Saturn ION Commercial 'People First'

'미디어 근접분석 활동2'에서는 CML의 5가지 핵심개념을 활용하여 광고를 분석하게 한다. '누가 이 영상을 만들었나요?', '내 주의를 끌기 위해 어떤 창의적인 시술이 사용되었나요?', '생활양식이나 가치관 관점 등에서 의도적으로 반영되거나, 생략된 것은 무엇인가요?', '이 메시지는 어떤 목적으로 전달되었을까?'와 같은 질문을 제시함으로써 학생들이 광고에 대해 비판적으로 분석할 수 있게 하였다. 이후 광고를 활용한 수업은 내가 진행하는 미디어 수업에 단골 주제가 되었다. 새로운 소재의 광고가 나오거나 학생들이 흥미 있게 접근할 수 있는 광고가 나오면 이와 같은 방식으로 수업으로 진행하였다.

미디어 리터러시 수업이 실제로 어떻게 이루어지고 있는지는 미국 현지 학교 방문을 통해 확인할 수 있었다. 백인 중산층이 주로 거주하는 Los Feliz Charter School에서는 학교에서의 미디어 리터러시 수업이 실제로 어떻게 이루어지고 있는지를 수업 참관을 통해 살펴볼 수 있었다. Evelyn Serrano라는 예술과목 수업 교사의 수업공개로 두 개 학년의 수업을 참관 할 수 있었는데, 한 수업은 유튜브 장난감 광고를 해체하며 분석하는 학생활동이었다.

생각 쑥! 역량 쑥! 교과연계 주제선택 수업

미디어란 무엇일까에 대한   유튜브 광고 비판적으로   미디어리터러시
교사-학생 주제토론 활동   분석하기 활동   학생 활동지

장난감 광고 속에 숨은 의도와 목적, 무엇이 생략되었는지에 대하여 교사와 학생 사이에 활발한 토론과 상호작용이 이루어지는 것이 인상적이었다. 미디어를 수동적으로 받아들이는 것이 아니라 비판하고 대안을 제시하려는 교사와 학생간의 활동 모습을 보면서 우리학교 환경에 적용할 수 있는 방안을 고민할 수 있었다.

아래는 CML이 추구하는 미디어 리터러시 교육의 목표 중 일부분이다. 그 중 '현명한 미디어 소비자'라는 말이 왠지 가장 기억에 남았다. 그래서 학생용 미디어교육 수업활동지를 제작할 때면

소비자는 반복적으로 수업이나 프로그램을 통해 미디어 리터러시를 훈련하고 배워야 한다. 책임감 있는 제작자로 우리가 이 사회에서 미디어에 우리의 의견을 더 잘 표출하기 위해 미디어 리터러시를 배우는 것이 중요하다. 미디어리터러시는 이제 다양한 텍스트 중에서 어떤 것이 신뢰할 수 있는 메시지인지를 구분할 수 있는 비판적이고, 현명한 미디어 소비자를 양산해 내는 것을 그 목적으로 한다.

출처 : CML Media Literacy Training

미디어교육의 필요성을 학생들이 공감하길 바라면서 원고의 첫머리를 이 말로 시작하곤 한다.

Media Literacy 수업이 필요한 이유와 목적

미디어의 트라이앵글

매체 자체에서는 종류도 많고 다양하지만 그것을 배우는 프로세서 스킬을 익힌다면 종류와 관계없이 접근할 수 있다고 생각한다. Production(미디어 제작자), Text(문자), Audience(청취자) 세 축 관계를 이해하면 미디어에 대한 심도 있는 이해가 가능할 것이다.

우리는 일반적으로 미디어에서 Production(미디어 제작자)와 Text(문자)의 힘이 크다고 생각하지만, Media Literacy에서 실제 우리가 가르쳐야 하는 중요한 요소는 Audience(청취자)의 영향력

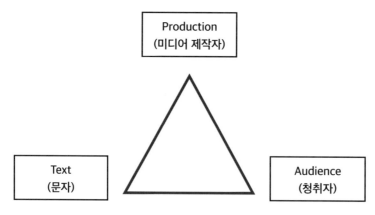

※ 그림. Production(미디어 제작자), Text(문자), Audience(청취자)

생각 쑥! 역량 쑥! 교과연계 주제선택 수업

이 중요하다는 것을 학생들이 이해할 수 있도록 해야 한다고 생각한다. 과거에는 생산자 중심이었던 미디어가 현재는 Audience 중심으로 텍스트를 생성하기도 하는 시대가 되었기 때문이다. 그래서 미디어리터러시는 이제 다양한 텍스트 중에서 어떤 것이 신뢰할 수 있는 메시지인지를 구분할 수 있는 비판적이고, 현명한 미디어 소비자를 양산하는데 중점을 두어야 한다고 생각한다.

미디어 리터러시 수업에 관심을 가지면서 교실에서 학생들과 함께 수업에서 다루려고 노력한 주제가 크게 세 가지가 있었다. 바로 프레이밍 효과(Framing Effect)와 아젠다 세팅(Agenda setting), 침묵의 나선 이론(the spiral of silence theory)이 그것이다.

전달하는 사람이 어떤 관점(Frame)으로 전달해 주느냐에 따라서 전달받는 사람의 판단이 달라지는 것을 프레이밍 효과(Framing Effect)라고 한다. 똑같은 정보이지만 제시하는 방법에 따라 다른 반응이 유발되는 것이다. 수업환경에서 적용할 때는 암치료 후 '수술 한 달 후 생존율은 90%이다'라는 문장과 '수술 후 한 달 내

프레이밍

아젠다 세팅

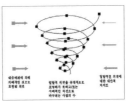

침묵의 나선 이론

사망률은 10%이다'라는 광고 문장으로 학생들에게 설명해 보았다. 똑같은 의미의 문장이지만 전자의 문장이 훨씬 긍정적이라는 것에 학생들도 공감하는 모습을 볼 수 있었다. 이처럼 미디어가 보여주는 많은 정보들이 미디어를 제작하는 사람들에 의해 관점이 정해져 있다는 것을 수업에 적용해보고자 했다. 그래서 다양한 광고를 학생들과 분석하기 시작했다. 광고 안에 의도한 것, 생략된 것을 찾아보는 활동을 한 것이다. 이 활동에는 CML 연수 때 활용했던 미디어 근접분석 활동을 적용해 보았다. 먼저 미디어 근접분석 활동 1.에서는 광고를 각기 다른 방식으로 네 번 감상할 수 있도록 하였다. '일상적으로', '소리 없이 화면만', '화면 없이 소리만', '관찰 과제를 부여한 방식'으로 광고를 제시한 것이다. 일상적으로 접하는 광고지만 이렇게 광고를 분석하면서 광고안에 숨겨진 정보들을 찾을 수 있었다.

감상	관찰, 사례, 의견제시
감상#1(일상적으로)	- 영상 속에서 무엇이 일어났나요?
2. 감상#2 (소리 없이, 화면만)	- 화면만을 보면서 조명이나 카메라각도 영상편집)등에 대해서 무엇을 알 수 있었나요?
3. 감상#3 (화면 없이, 소리만)	- 소리만을 들으면서 무엇을 느낄 수 있었나요? - 대화문, 음악, 음향효과 등에 대해서 무엇을 알 수 있었나요?

감상	관찰, 사례, 의견제시
4. 감상#4 (관찰이벤트)	- 예시) 영상 속에서 몇 대의 차가 등장하였나요? - 예시) 영상 속에서 몇 명의 사람이 등장하였나요?

미디어 근접분석 활동 1

미디어 근접분석 활동 2에서는 제작, 형태, 내용, 목적의 항목으로 나누어 학생들이 자신의 의견을 서술할 수 있도록 하였다. 그래서 우리가 보는 광고가 어떤 의미를 가지고 있는지 학생 스스로 확인할 수 있도록 한 것이다.

핵심개념	주요질문
제작-작가	- 누가 이 영상을 만들었나요?
형태-형식	- 내 주의를 끌기 위해 어떤 창의적인 시술이 사용되었나요?
내용	- 생활양식이나 가치관 관점 등에서 의도적으로 반영되거나, 생략된 것 은 무엇인가요?
목적	- 이 메시지는 어떤 목적으로 전달되었을까요?

미디어 근접분석 활동 2

또 미디어가 의식적 또는 무의식적으로 현행 이슈에 대한 대중의 생각과 토론을 설정해버리는 아젠다 세팅(Agenda setting)을 학생들이 뉴스리터러시 수업을 통해 이해할 수 있도록 하였다. 그래서 미디어가 특정 이슈를 선정하고 그것을 중점적으로 다루면 사람들의 생각과 관심이 그 이슈에 집중되고 여타의 이슈들이 무시될 수 있다는 것을 학생들이 수업 시간에 경험할 수 있도록 하였다.

미디어의 홍수 속에 살아가고 있는 우리 학생들이지만 정작 미디어 자체에 대한 교육의 기회는 다른 과목 수업에 비해 많지 않았고 학교교육과정에서도 소홀했던 것이 사실이다.

흔히 뉴스를 세상을 비추는 거울이라고 말한다. 실제로 벌어진 일을 있는 그대로 뉴스로 보도한다고 생각하는 것이다. 이런 모습은 학생들에게 더 많이 나타난다. 그래서인지 포털이나 방송에 등장하는 뉴스를 학생들은 무비판적으로 믿어버리거나 사실 확인이 분명하지 않은 가짜뉴스에도 잘 속는다. 하지만 우리가 일상에서 만나는 뉴스는 세상에서 일어난 일을 그대로 비추지는 않는다. 다음은 프랑스 혁명기 프랑스혁명기 최대 언론사였던 '모니퇴르'가 나폴레옹에 대해 쓴 기사 제목의 일부이다. 주변 국가들과의 전쟁에서 연이어 패한 나폴레옹은 엘바섬으로 귀양을 가게 되고 1815년 엘바섬에서 탈출하여 다시 황제의 자리를 오르게 된다. 이 과정에서 '모니퇴르'가 파리로 접근해 오는 나폴레옹을 날짜별로 이렇게 표현한다.

프랑스의 최대 언론사가 짧은 기간 동안 동일한 인물에 대해

3월 9일 - 살인마, 소굴에서 탈출하다.

3월 10일 - 코르시카의 아귀, 쥐양만에 상륙하다.

3월 11일 - 괴수, 카프카에 도착하다.

3월 12일 - 괴물, 그르노블에 도착해 야영하다.

3월 13일 - 폭군, 리용 통과, 공포감 번져

3월 18일 - 강탈자, 60시간 뒤 파리 당도 예정

3월 19일 - 보나파르트, 급속히 전진! 파리 입성은 절대 불가하다.

3월 20일 - 나폴레옹, 내일 파리 성벽에 도착 예정

3월 21일 - 나폴레옹 황제, 퐁텐블로에 도착하시다.

3월 22일 - 황제 폐하 만세! 어제 저녁 드디어 궁전에 입성하시다.

출처 : '뉴스 믿어도 될까?(구본권)'

'살인마'부터 '황제폐하'까지 호칭을 바꾸면서 표현한 것이다. 이는 언론이 이익에 따라 같은 사안에 대해서도 입장을 바꿀 수 있다는 것을 의미하는 사례이다. 시대나 국경을 초월해서 언론의 이 같은 행태는 언제든지 반복될 수 있기 때문에 교사가 학생들에게 언론이 생산하는 뉴스들을 해체하고 분석해서 읽도록 가르쳐야 하는 이유가 무엇인지에 대한 답이 될 것이다. 그래서 교사가 학생들에게 언론이 생산하는 수많은 뉴스들을 해체하고 분석해서 읽도록 가르쳐야 하는 이유가 될 것이다.

독일의 사회과학자 엘리자베스 노엘레-노이만(Elisabeth Noelle-Neumann)이 만든 '침묵의 나선 이론'은 하나의 사회적 이슈에 대

한 의견이 다수의 사람들에게 지지받고 있다면, 이와 반대되는 의견을 가지고 있는 소수의 사람들은 다수의 사람들로부터 고립되는 것에 대한 공포로 인해 침묵하려 하는 경향을 보인다는 의견이다. 이 의견은 실제 학교 현장에서 발생할 수 있는 다양한 의견제시 수업 상황에서 소수 의견의 학생들이 이러한 이유로 침묵을 강요받고 있지는 않은지를 교사로서 고민하게 하였다. 그래서 의견제시 방법을 SNS 등을 활용하여 소수의 의견이라도 최대한 노출될 수 있도록 하였다. 이를 통해 나와 다른 의견 역시 하나의 생각으로 인정하는 것이 학교에서도 필요하다는 것을 공감할 수 있는 주제였다. 다양한 의견제시 상황에서 자신이 이렇게 침묵하고 있지 않은지를 생각하고 더 나아가 자신과 다른 의견의 상대방에게 침묵을 강요하고 있지는 않는지를 생각해 보게하였다. 나와 다른 의견 역시 하나의 생각으로 인정하는 것이 학교에서도 필요하다는 것을 배울 수 있는 주제였다.

뉴스로 수업하기(교과 및 주제선택 활동 활용)

학생들이 자주 접할 수 있는 미디어 중 뉴스를 중심으로 수업을 구성하고자 하였다. 뉴스를 하나의 분석틀로 분석할 수 있게 수업을 구성한 것이다. 이를 위해 한국언론진흥재단에서 개발한 '교육 현장에서 활용 할 수 있는 뉴스 평가를 위한 뉴스 분석법'을 활용하여 학생들이 뉴스를 평가하고 분석할 수 있도록 활동지를 제작해서 수업에 적용하였다.

또 미국의 대표적인 미디어리터러시 교육기관인 'CML의 핵심 개념'을 활용하여 뉴스와 광고, 뮤직비디오, 이미지 사진 등 다양한 미디어를 분석할 수 있도록 학생활동을 구성해 보았다. 예를 들어 BTS의 봄날이라는 뮤직비디오는 소설 오멜라스를 떠나는 사람들(The Ones Who Walk Away from Omelas)을 모티브로 한 뮤직비디오로 '다수의 행복을 위한 소수의 희생'을 주제로 수업을 할 수 있었다.

다수의 행복을 위한 소수의 희생

이를 통해 학생들이 단순히 눈으로 보여지는 것만을 받아들일 것이 아니라, 보이지 않는 부분까지 생각을 확대하여 미디어에 자신의 관점을 농락당하지 않고, 미디어를 올바르게 바라볼 수 있는 관점을 기를 수 있도록 수업하고자 하였다.

차원		질문
평가	신뢰성	• 작성자는 믿을 만한가요?(작성자 이름, 소속 명시 여부)
		• 취재원은 믿을 만한가요?(취재원 명시 여부, 취재원의 전문성과 다양성 등)

차원		질문
평가	신뢰성	• 인용된 자료가 믿을 만한가요?
		• 추측에 근거한 보도 내용이 있나요?
	완전성	• 제목이 보도 내용을 잘 반영했나요?
		• 한 쪽의 입장이나 주장만 제시했나요?
		• 사회적 약자나 소수의 입장을 고려하고 있나요?
	유용성	• 중요한 사회적 문제를 다루고 있나요?
		• 개인적 관심이나 정보를 얻는데 도움이 되었나요?
분석	생산자	• 이 뉴스를 작성한 사람은 누구인가요? 작성자가 언론인이 아니라면 어떤 사람인가요?(직업, 역할 등)
		• 이 뉴스의 발행기관은 어디인가요?
		• 생산자는 왜 이 뉴스를 만들었을까요?
	구성 요소	• 이 뉴스의 제목은 무엇인가요?
		• 이 뉴스에 등장하는 취재원은 누구인가요?
	의미 구성	• 이 뉴스의 제목에서 강조되는 내용은 무엇인가요?
		• 뉴스에 포함되는 사진이나 이미지가 강조하는 내용은 무엇인가요?
		• 이 뉴스에 포함된 편견이나 고정관념이 있나요?
	이용자	• 누가 이 뉴스에 관심을 가질 것 같나요?
		• 이 뉴스를 다른 사람과 공유하고 싶나요?

※ 뉴스 이해와 평가를 위한 뉴스 분석틀(출처 한국언론진흥재단 김경희)

제시된 뉴스 이해와 평가를 위한 뉴스 분석틀은 학생들이 뉴스를 분석할 수 있도록 개발된 하나의 분석 틀이라고 생각하면 된다. 뉴스를 크게 평가와 분석으로 나누고 유용성, 생산자, 구성요소, 의미구성, 이용자로 나누어 분석하게 하는 것이다. 제시된 표를 그대로 활용할 수도 있지만 뉴스기사의 종류와 상황에 따라 수업하는 교사가 재구성하여 사용하면 될 것이다. 예를 들어 아래 제시된 학생 활동형 질문지와 같이 전달하려는 사실, 작성 목적, 작성자를 중심으로 축약해서 구성하거나 '뉴스 분석틀'에서 평가, 분석 중 하나의 항목만을 가지고 학생 활동형 질문지를 만드는 것이 그 예이다. 뉴스 분석 자체가 목적이 아니라 뉴스 읽고 이해하는 과정에 하나의 방법 중 하나로 생각했기 때문에 가능한 수업 형태였다.

전달하려는 사실	
작성 목적	
작성자	

※ 출처 : 권용부 외, 뉴스 제대로 알고 즐기기(교사용 지도서), 한국언론진흥재단

뉴스 분석틀로 뉴스 분석하기

확인사항	질문
신뢰성	☞ 작성자는 믿을 만한가요?(작성자 이름, 소속 등 명시여부) 인용된 자료가 믿을 만한가요?(검증된 자료)
완전성	☞ 사건의 배경, 원인, 대안 등 심층적인 정보를 제공하고 있나요? 제목이 보도 내용을 잘 반영했나요?
유용성	☞ 중요한 사회적 문제를 다루고 있나요? 자신의 의견을 형성하는 데 도움이 되었나요?

※ 출처 : 김경희 외, 스마트 미디어 시대의 뉴스 분석법, 한국언론진흥재단(재구성)

뉴스를 활용하여 수업을 구성하는 효과적인 방법 중 하나가 주제 중심으로 수업을 구성하는 것이었다. 교과서 단원의 주요 주제나 시기적으로 이슈화되는 주요 사건을 뉴스 활용 수업으로 재구성하는 것이다. 이러한 수업 방식은 자유학년제 교과 연계 주제선택 활동(선택프로그램)에 적용하기에도 적합하였다. 교과 연계 주제선택 활동(선택프로그램)의 목적이 일반 교과를 심층적이고 폭넓게 이해하는데 도움이 되는 학생활동과 체험중심으로 수업을 구성하는데 있다면 뉴스를 활용한 주제선택 활동(선택프로그램) 또한 하나의 대안이 될 수 있지 않을까?

다음은 주제선택 활동연간 활동계획표이다. 수업주제와 활동

생각 쑥! 역량 쑥! 교과연계 주제선택 수업

차시	수업주제	활동내용
1	미디어 리터러시 수업 들어가기	미디어 리터러시 수업에 대한 안내, 필요성 및 목적 설명
2-8	다양한 미디어를 비판적으로 분석하기(광고)	근접분석 방식을 활용한 광고 분석하기
	다양한 미디어를 비판적으로 분석하기(동화책)	동화책을 활용한 미디어리터러시 수업
	다양한 미디어를 비판적으로 분석하기(뮤직비디오 및 영화)	뮤직비디오, 영화 비판적으로 분석하기
9-13	뉴스분석틀을 활용한 뉴스 분석 및 미디어수업하기	주제가 있는 뉴스 리터러시 - 뉴스분석틀을 활용한 뉴스 분석 및 미디어 수업하기
13-17	미디어 리터러시 수업 활용	- 뉴스 리터러시 수업 활동지 작성

※ 주제선택 활동연간 활동계획표

내용을 통해 어떻게 수업이 진행되었는지 확인할 수 있다.

수업시간에 활용한 '주제가 있는 뉴스 리터러시' 수업 주제를 표로 제시한다. 일반 교과에 제시된 주제를 심층적으로 이해할 수 있도록 구성하거나 최근 코로나19와 같이 시기적으로 학생들이 관심을 가질 만한 주제들로 수업을 구성하였다. 주제를 선정하고 수업을 구성할 때 가장 중요하게 생각한 것은 '학생들의 흥미를 유발할 수 있는가?'였다. 교사가 아무리 좋은 수업을 구성하더라도 학생들

사회 교과 단원과 연계하거나 시기적으로 이슈가 되는 주제로 작성

(최근 2년간)

1. 82년 김지영으로 살펴본 우리사회 젠더 갈등
2. 세계로 진출 하는 다양한 Made in Korea
3. 세계여성의 날-우리는 빵과 장미를 원한다
4. 시장을 바꾸는 플랫폼 경제의 명암
5. 오키나와 조선인 군속으로 살펴본 일제강점기 강제노역
6. 우리가 살아가야 할 5G 초연결 사회란?
7. 잊지 말아야 할 우리역사-일본군 위안부, 전범기업
8. 지금은 공유경제 전성시대
9. 착한 기업, 착한 소비
10. 힘내라 대한민국(달빛동맹과 의료봉사로 코로나를 극복하는 사람들)
11. 포스트 코로나의 삶(BC Before Corona)와 AC(After Corona)
12. 81세 할머니와 18세의 청소년이 미래를 함께 선택할 수 있는 청소년 선거권
13. 인간과 동물의 공존
14. 인권을 위해 저항한 다르지만 같은 한국과 미국의 뜨거운 6월
15. 영화 '가버나움'으로 생각해 보는 아동인권
16. 레몬법으로 살펴보는 소비자 주권
17. 백신아(VACCINE) ~ 인류를 부탁해! 뉴스로 보는 전염병과 백신의 역사
18. 1970년 부터 2020년 까지 우리 사회 모든 아름다운 청년 전태일을 위하여

※ 주제가 있는 뉴스리터러시 수업 구성 사례

생각 쑥! 역량 쑥! 교과연계 주제선택 수업

하야시 기린	유설화	임서경
《그 소문 들었어?》	《슈퍼거북》	《나는 인도에서 왔어요》

이 흥미 있게 참여하지 않는다면 그 효과가 반감되기 때문이다.

그림동화를 하나의 주제로 활용하여 미디어수업을 진행하는 것도 추천할 수 있다. 동화작가 하야시 기린이 쓴《그 소문 들었어?》를 활용하여 가짜뉴스에 대한 수업을 해보았다. 가짜뉴스라는 자칫 어려울 수 있는 주제도 그림동화 책을 활용하면서 학생들이 흥미 있게 접근할 수 있었다. 다문화에 대한 주제수업을 할 땐 임서경 작가의《나는 인도에서 왔어요》, 거꾸로 생각하기 또는 사고의 전환이라는 주제에는 유설화 작가의《슈퍼 거북》을 추천한다. 이렇게 각 주제에 맞게 동화책들을 선정해서 미디어수업에 녹일 수 있다는 것이 그림동화를 활용한 수업의 가장 큰 장점이었다.

지금까지의 미디어교육이 어떻게 읽고 분석해야하는지에 중점

을 두었다면, 이제는 학생들이 미디어를 어떻게 소비하고 생산할
수 있는지에 대해 교사들이 관심을 가져야 한다고 생각한다. 미디
어교육로 학생과 교사가 모두 즐거운 수업이 되길 꿈꾸면서….

참고자료 ─────────────────────────────

- https://dadoc.or.kr/2613 [미디어 리터러시]
- 신문과 방송 2014. 12. 8. 10:40 출처: https://kpfbooks.tistory.com/2345 [언론도서관]
- 그 소문 들었어? 이미지 출처 : https://blog.naver.com/zhdzhddufao/221590157477
- 나는 인도에서 왔어요 이미지 출처 : https://blog.naver.com/wwjd7777/220901354834
- 슈처거북 이미지 출처 : https://blog.naver.com/namu1224/221858067548
- 권용부 외, 뉴스 제대로 알고 즐기기(교사용 지도서), 한국언론진흥재단
- 김경희 외, 스마트 미디어 시대의 뉴스 분석법, 한국언론진흥재단(재구성)
- 뉴스 이해와 평가를 위한 뉴스 분석틀(출처 한국언론진흥재단 김경희)
- 뉴스 믿어도 될까?, 구본권

과학, 기술, 공학 사이에서의 과학 수업

가야할 곳을 정확히 모르지만 방향은 찾아야 하는 지금

앞으로 세상이 어떻게 변할지 점점 더 불투명해지는 것 같다. 그래서 세상에 필요한 지식을 가르친다고 생각했던 과학 수업에서 어떤 것을 강조해야 하는지도 혼란스러웠던 것 같다. 하지만 한 가지 분명한 것은 영역을 가리지 않고 다양한 분야를 활용해 앞으로 어떤 일이 일어날지 모르는 사회에 잘 적응할 수 있는 문제해결 능력이 필요하고 이것을 배울 수 있는 시간도 필요하다는 것이다. 그리고 이러한 시간이 주제선택 수업의 형태뿐만 아니라 다양한 형태로 수업에 녹아들어 학생들과 선생님에게 도움이 되는 시간으로 자리 잡기를 바라 본다.

방향을 잃어가고 있었던 수업

학생들과 과학을 공부하는 것이 벌써 15년이 되어가고 있다. 과학 수업 뿐 아니라 과학 동아리, 과학 캠프, 과학 탐구 대회 등 다양한 활동을 해 왔지만 과학 수업을 하면 할수록 앞으로 학생들에게 무엇을 가르쳐야 할지에 대한 방향이 점점 불투명해지고 있는 느낌이다. 예전에는 새로운 것이나 발전된 기술을 이야기 할 때면 과학이 떠올랐지만 요즘 학교에서 하는 과학 수업은 옛날 지식을 전달하는 느낌이 든다. 분명 교사로서 가르치는 기술은 좋아지고 있을 텐데 학생들이 과학을 점점 어려워하며 싫어하는 것 같고, 과학 교과의 내용이 지금 세상에서 일어나고 있는 일과 점점 멀어지고 있는 느낌이 든다.

고등학교에 있을 때는 대학을 가기 위해 과학적인 지식을 많이 쌓고 문제를 잘 풀면 되기 때문에 슬픈 일이긴 하지만 과학 수업에 대한 당위성이 생겼던 것 같다. 하지만 중학교에서는 과학

생각 쑥! 역량 쑥! 교과연계 주제선택 수업

수업에 대한 당위성을 찾기가 쉽지 않았다. 특히 앞으로의 세상에 잘 적응하고 살아가려면 과학을 열심히 해야 한다고 선뜻 이야기 하지 못하겠다. 중학교에서 과학 수업을 하면서 과학에 대한 고민이 점점 깊어 가던 중 2017년 자유학기제 수업을 맡게 되었다. 과학 과목에서 주제선택 수업을 맡은 것이 운이 좋은 건지 나쁜 건지 그 당시에는 의견이 분분했다. 17차시의 수업 내용을 교사가 직접 구성해야 한다는 점에서 운이 나쁠 수도 있었지만, 내 입장에서는 교과서에서 조금 벗어나 지금까지 과학에 대해 고민해오던 것을 해결해 갈 수 있을 것 같은 느낌에 주제선택 수업이 기회라고 생각하며 수업을 시작하게 되었다.

주제선택 수업을 위한 방향 설정

수업을 시작하기 전 우선 지금의 과학은 세상에서 어떤 위치에 있을까를 고민해 보았다. 과학이 현재 사회적으로 어떤 위치에 있고 이를 어떤 방식으로 설명하고 가르쳐야 하는지가 나에게는 중요한 문제였다. 많은 자료들을 찾아보았고 요즘 일어나고 있는 새로운 일들이 과학, 기술, 공학 사이에서 일어나고 있다는 것을 알게 되었다. 요즘 학생들은 현재 인류가 가장 많은 돈과 시간을 들여 만들어 가고 있는 '로켓'과 '자율주행 자동차'와 같은 것들에 대해 과학, 기술, 공학 중 어떤 것이 가장 많이 기여했다고 생각할까? 과학을 공부한 나로서는 당연히 과학이 가장 많이 기여했다고 이야기하고 싶지만 기술과 공학의 입장은 분명 다를 것이라 생각한다. 과학, 기술, 공학의 관계를 정리해 보기 위해 다양한 문헌을 찾아보고 고민을 해보았지만 결론은 과학, 기술, 공학의 사이를 짧은 시간 고민해 본 내가 정리하는 것이 쉽지 않았다. 과학, 기술, 공학 이 세 학문의 관계는 굉장히 복잡하고 미묘한 관계이고 과학, 기술, 공학의 역사를 거시사(macrohistory)로 보느냐 미시사(microhistory)로 보느냐에 따라 상당히 다양하게 의견이 갈릴 수 있음을 알게 되었다.

과학을 중점적으로 공부했기에 과학사에서 중요하게 다루어졌던 많은 인물들이 기술사적 관점으로 볼 때는 다르게 평가받는다는 사실을 알고 조금 놀라웠다. 대표적인 예로 패러데이의 전자기 유도 현상 발견은 그것이 전기 모터와 발전기를 가능하게 해주었다는 이유로 기술에 대한 과학의 기여를 보여주는 증거로 해석되어 왔으나 이러한 의견에 반대하는 사람들은 패러데이의 발견 후 30년이 지난 1860년대 말에야 사용 가능해진 상업적 발전기의 발명에 중요한 기여를 한 것은 패러데이가 아니라 이름 없는 많은 기술자들이었다고 강조한다. 이처럼 과학, 기술, 공학의 그룹은 동일한 역사적 사건의 서로 다른 측면을 강조하려는 경향이 있다는 것을 알게 되었다.

이러한 상황에서 봤을 때 오늘날 당연하게 사용되는 '과학기술'이라는 말은 참으로 학생러니하면서 억지스러운 결합이 아닌가 생각을 해본다. 과학과 기술은 태생적으로 다른 목적을 가지고 생겨났으며 그것이 동등한 관계로 함께 공생하며 살아가야 하는 시대적인 흐름이 이러한 어원을 만든 것이지, 실제 그 학문을 하는 사람들은 본인이 속해있는 그룹의 일들을 더 중요하고 차원이 높은 것으로 여기기 때문에 이는 하나로 융합되기 어려운 상황이라고 생각한다. 실제로 고대 이래 과학혁명기에 이르기까지 과학과 기술은 아무런 관련이 없이 분리된 채로 내려왔다고 한다. 고대에서부터 산업혁명기 이전까지는 기구나 장치에 대한 과학적 이해가 없어도 계속해서 실제 기술들을 사용해 왔다. 예를 들어, 유체역학의 지식 없이도 사람들은 경험에 의해 배 만드는 기술을 가지고 있었으며, 유기화학이나 생화학이 없이도 술 빚는 기술을 가지고 있었다. 그래서 이렇게 경험적으로 얻은 지식들은 과학이나 과학자에 의해서 얻어진 성질의 것이 아니었고 과학이 없어도 충분히 발전되어 갈 수 있었다.

지금은 당연하게 여겨지는 과학과 기술이 서로 연결되기 시작한 것은 과학 혁명기에 이르러서였다. 가장 놀랐던 것은 실제로 18세기의 첨단과학이 산업혁명에 구체적으로 기여한 바를 찾기는 힘들다는 것이었다. 오히려 산업혁명에서 큰 역할을 한 것은 당시 영국의 지주, 자본가 계층이 지녔던 새로운 것을 추구하고 능률 및 경제성을 중요하게 여기는 기업정신이었다고 한다. 그리고 그 결과로 얻어진 새로운 기계나 공정, 기술 등도 대부분 과학적·학문적 연구가 아니라 오랜 경험과 시행착오에 의해 얻게 되는 재주, 지혜 등에 바탕을 둔 것이었다. 오늘날 우리가 당연히 사용하는 '과학기술'이라는 말이 과학의 지식이 기술에 직접 응용되기 시작한 것은 19세기 중반의 일이었다고 한다. 19세기 중반 영국, 프랑스, 독일은 화학염료와 관련된 산업을 키워나갔고 이러한 것을 발전시키기 위해 대학 연구실을 본 떠 산업체 연구소를 설립하게 되었다. 그리고 19세기 말 미국에서도 전기 공업 분야를 중심으로 산업체 연구소를 설립하여 산업적 연구(industrial research)를 활발히 진행하게 되었다. 이러한 형태가 오늘날까지 이어져 기업체에 연구센터가 있는 것이 당연하다고 여겨지게 된 것이다. 결국 과학, 기술, 공학은 각각의 독립된 분야였지만 시대가 변해감에 따라 필요에 의해 서로의 영역을 활용하여 새로운 것들을 만들어 가고 있는 것 같다.

고대에는 과학이 대학, 지식층, 부유층 등 사회의 상층에 속한데 반해, 기술은 실제 생산 활동에 종사하는 낮은 계층의 분야였다. 하지만 오늘날 기술이 경제와 결합 되면서 오히려 이와 반대로 기술자들이 과학자를 고용해 필요한 지식을 얻어내는 형태로 바뀌었다는 생각이 든다. 그래서 공대를 다니는 친구들은 아무리 날고 기어도 어차피 기업주 아래에 있기 때문에 허무주의나 염세주의에 빠지기도 하는 것 같다.

이쯤에서 과학, 기술, 공학의 정의를 한 번 알아보도록 하자.

	과학(science)	기술(technology)	공학(engineering)
어원	scientia 지식(Knowlodge) 을 뜻하는 라틴어	techni 손재주, 솜씨를 뜻하는 그리스어	ingeniare 고안하다(devise)를 뜻하는 라틴어
정의	자연에 관한 체계적인 지식	무엇을 만들거나 하는 기능의 지식	과학과 기술을 결합하여 발명 (invention)하는 것

과학, 기술, 공학의 어원과 정의

정의를 보고 나니까 과학과 기술 그리고 공학의 차이가 어렴풋하게 그려지는 것 같다. 친구 중에 늘 자기는 엔지니어라고 강조하는 친구가 있다. 정유 회사에서 엔지니어로 근무하는데, 이 친구의 말이 위에서 제시된 각각의 정의와 잘 들어맞는 것 같다. 정유회사를 보자면 공장의 장비들을 잘 다루는 사람들은 기술자들이라고 볼 수 있다. 그런데 이러한 공장의 장비들을 어떻게 활용해 얼마나 효율적으로 정유를 해내는가를 고민하는 사람이 바로 엔지니어이다. 그리고 이러한 정유 기술에는 과학적 지식 즉 유기, 무기 화학의 지식들이 밑바탕에 깔려 있다고 볼 수 있다. 정유를 해내기 위해서는 어떤 것이 더 중요하고 어떤 것이 덜 중요하다고 판단하기 쉽지 않다. 모두가 그 중심에서 제 역할을 해야만 제대로 된 결과물이 산출되는 것이다.

나는 과학이 제일 중요하고 무조건 지켜야 할 것이라고 생각했었다. 그리고 순수학문에 투자하거나 관심을 갖지 않는 요즘 상황을 걱정하기도 했었다. 하지만 요즘 사회를 보면 순수 과학보다는 기술이나 공학이 삶을 더 풍요롭게 하고 있는 것 같다. 그래서 요즘 시대를 살아가는 학생들은 예전의 과학 지식보다 최신의 기술과 공학을 더 중요하게 느껴지는 것인지도 모르겠다. 하지만 분명 근간이 되는 학문도 지금 당장 필요한 기술만큼 우리 인류에게 중요한 것임은 부인할 수 없고 이것의 중요성을 알고 가르치는 것이 중요하다고 생각한다. 따라서 무엇이 우위에 있다고 생각하는 사고에서 벗어나 우리는 이러한 상황에서 과학을 가르치는 과학교사로서 앞으로 기술과 공학을 활용하여 과학적인 탐구활동에 어떻게 적용해야 할지를 계속 고민해 보아야 한다는 생각이 들었다.

이러한 고민을 가지고 주제선택 수업을 시작하게 되었다.

아름다운 실패가 가득했던 과학 탐구활동 — 실제 수업이야기
나의 중학교 시절 Maker 활동

1994년 중학교 1학년 26년 전 일이다. 아직도 기억은 생생한데 이렇게나 오래된 일임이 새삼 놀랍다. 그때는 지금처럼 휴대폰이 없던 시절이라 할 수 있는 것은 무엇인가를 직접 만들고 노는 것이었다. 그 시절 무엇인가를 직접 만든다는 것이 지금의 Maker와 조금은 의미가 다르겠지만 어찌 됐건 가지고 놀 수 있는 무엇인가를 직접 만드는 것이 그때는 특별한 일이 아니었는지도 모르겠다. 총, 화살, 탱크, 비행기, 낙하산 등등 정말 많은 것들을 만들었는데 그중에서도 가장 거대한 프로젝트이자 정말 잊을 수 없는 것이 바로 농구 골대다.

'라떼는 말이야'가 될 수 있지만, 그 시절에는 농구를 하려면 농구 골대가 있는 학교 운동장에 가야만 했다. 지금처럼 아파트 놀이터나 공원 등지에 농구 골대가 흔하게 설치되어 있지 않았다. 그리고 그 당시 '마지막 승부'라는 농구 드라마가 정말 어마어마하게 인기를 끌 때라 그 드라마가 끝나면 농구를 하고 싶은 마음을 참을 수 없어 농구공을 들고 30분을 뛰어 학교로 달려갔고 학교에 가서 하나의 농구 골대에 동네 학생들 수십 명이 모여 공을 던지며 농구를 했었다. 요즘 주변의 많은 농구 골대에 학생들이 공을 던지지 않고 비어 있는 것을 보면 오히려 없던 시절에 더 소중함을 느끼며 살 수 있지 않았나 하는 생각이 들기도 한다.

드라마가 끝나면 바로 농구를 하고 싶은 마음에 학교까지 달려가는 시간을 줄일 수 있는 방법은 집에 농구 골대를 만드는 방법밖에 없었다. 형은 중학교 2학년 나는 1학년…. 특별한 기술이 없는 이 두 명의 중학생은 그렇게 농구 골대를 집에 만들기로 다짐하고 머리를 맞대며 농구 골대 설계에 들어가게 된다. 그리고 나름대로 기술 시간과 과학 시간에 배운 지식들을 활용해 농구 골대를 설계했고 이제 실제 준공(!?)을 시작하게 된다.

농구 골대는 누나가 사주기로 해서 철물점에서 농구 골대 링은 합법적으로 구했는데 이렇게 구한 농구 골대를 설치할 백보드와 백보드를 잡아줄 기반 작업에 필요한 나무들은 때마침 집 앞 도로 공사장에서 허가 없이 가져다 쓰게 되었다. 물론 자투리 나무들을 가져다 쓰긴 했지만 분명 허가 없이 가져다 사용한 것은 맞기 때문에 그때 사용했던 나무에 대해 감사하고 죄송한 마음을 이제서야 고백한다. 어른의 도움을 하나도 받지 않고 처음 계획했던 설계도를 수정해 가며 농구 골대를 완성하게 되었고, 우리 집 앞마당은 드라마만 끝나면 동네 친구들이 모여서 농구를 하는 농구장이 되었다. 다음 사진은 그때 직접 제작했던 농구 골대의 사진이다.

두 사진을 보면 백보드의 모양이 다른데 이렇게 만든 농구 골

직접 제작한 농구 골대와 새로 고쳐가며 쓴 농구 골대

대로 거의 6년을 사용했다. 오른쪽 사진은 농구 골대를 새로 고쳐서 사용했을 때의 사진인데 이때 백보드를 제작한 나무는 제재소에서 직접 합판을 구입하여 만들었다. 뒷부분의 나무도 보강을 하여 중학생 정도가 매달려도 될 정도로 튼튼한 농구 골대로 업그레이드 시켰고 이 농구 골대는 중학교 시절 스스로 만든 것들 중에 가장 큰 자부심으로 마음속에 남아 있다.

이런 경험을 가지고 있던 터라 생각한 것을 직접 만드는 것이 당연히 지금의 중학교 학생들도 충분히 가능하리라 생각했다. 그리고 지금은 3D프린터, 컴퓨터, 코딩보드 등 훨씬 발전된 장비들도 있기 때문에 더욱 놀라운 것을 만들 수 있을 것이라는 기대를 가지고 주제선택 수업을 시작하게 되었다.

첫 번째 주제선택 수업 - 자유탐구활동의 아름다운 실패

2017년 자유학기제 첫 번째 주제선택 수업을 시작했다. 우선 과학적 탐구과정을 공부하는 것을 기본 방향으로 설정하고 주제는 과학, 기술, 공학을 비롯한 우리 생활과 관련된 모든 부분을 열어 놓았다.

수업이 시작되고 어떻게 한 학기를 보낼지에 대해 오리엔테이션을 했다. 모둠을 구성하고 주제를 선택한 후 모둠별로 계획서를 받았다. 처음에는 모두 의욕과 기대가 가득차 있음이 느껴졌다. 이 의욕대로라면 뭐든지 할 수 있을 것 같았고 모든 모둠이 탐구 활동을 잘 마무리해서 과학전람회 같은 과학 탐구대회에 출품을 할 수 있을 정도의 결과가 나올 수도 있겠다 생각했었다. 모둠별로 재료를 구입해 주고 3차시 정도 탐구활동이 진행되는 과정을 지켜보며 해결해야 할 문제들을 도와주었다.

이 3주가 지금까지 많은 과학 탐구활동과 과학 수업을 해 오면서 가장 힘든 시간이 아니었나 싶다. 마치 유치원 한 반의 학생들이 동시에 응가를 하고 선생님을 불러대는 느낌이었다. 아주 사소한 문제도 해결해 내지 못하는 상황에 더 이상 수업을 진행할 수 없어 3차시 정도가 지나고 학생들과 긴급 수업 대책 협의를 했다.

학생들은 어떤 문제를 이렇게 길게 고민해본 적이 없었고, 문제가 생기면 스스로 끝까지 해결해 본 적이 없었다고 했다. 그리고 많은 활동을 하면서 보고서나 포스터에 상상으로는 많이 해봤지만 실제 실물로 생각한 것을 구현해 가는 것이 생각처럼 잘되지 않는다고 했다. 물론 그럴 것을 예상하기는 했지만 이정도로 진행이 더디게 될 줄은 몰랐다.

결국 수업은 이렇게 흘러갔다.

축구만을 좋아하는 남학생들은 결국 이 수업 시간에도 축구를 하기 위해 슛팅 장치를 제작해서 슛에 대해 연구해 본다고 했다. 그리고 슛팅 장치는 마네킹의 다리를 가지고 제작한다고 했다. 당연히 설계도는 그럴싸 했지만 이를 실제로 구현하는 것부터가 문제였다. 그리고 정말 훌륭한 팀은 일본의 논문을 찾아와서 달걀 껍질을 깬 후에 컵에 넣고 달걀을 부화시키는 탐구활동을 해 보고 싶다고 했다. 쉽게 이야기하면 병아리 인큐베이터 같은 것을 만드는 것이었다. 그래서 우선 부화기를 구입하여 병아리부터 부화를 시켜 보았고, 생각보다 유정란이 부화가 잘 되어 순식간에 병아리가 열 마리 넘게 태어났다. 부화기의 성능은 확인했지만 병아리를 키울 곳을 만들어야 하는 숙제가 또 생겨 버렸다. 이렇게 시간이 흘러 결국 병아리 인큐베이터 탐구활동은 실패 하게 되었고 병아리 열 마리는 점점 자라났다. 그리고 축구 슛팅장치를 활용한 탐구활동을 진행하던 남학생들은 한 발 짝도 나아가지 못하고 실의에 빠지게 되었다. 그래서 모두가 힘을 합쳐 처음의 방향과는 전혀 다르게 슛팅 장치를 만들려던 각목으로 병아리 집을 만들게 되었고 병아리들의 안락한 집을 함께 지어 갔다. 그리고 두 달여 가

2017년 첫 번째 아름다운 실패

량은 병아리를 키우고 돌보면서 아름답게 마무리하게 되었다. 사진은 함께 힘을 합쳐 병아리집을 만드는 모습이다.

이렇게 지어진 병아리집은 다음 해에도 학생들이 병아리를 키우고 돌보는 학교 반려용 병아리장이 되었다. 결과가 산으로 가기는 했지만 나름대로 의미있는 활동이 되기는 했다. 하지만 다음에 또다시 주제선택 수업을 하게 되었을 때 왜 학생들은 무엇인가를 스스로 만들어 가지 못할까에 대한 문제를 찾고 그 문제를 해결할 수 있는 방향으로 수업을 이끌어 가야하는 숙제를 안고 첫 번째 수업을 마무리하게 되었다.

두 번째 주제선택 수업 – 나도 Maker(처음부터 끝까지 스스로 해 보기)
첫 번째 아름다운 실패를 바탕으로 탐구활동의 방향을 조금

상장중학교 메이커스실 3D 프린터

바꾸기로 했다. 탐구 보고서를 멋지게 써서 주제선택 수업을 마무리하고자 했던 것은 정말 너무 큰 욕심이었다. 물론 실현 가능한 내용을 정해 주었으면 가능했을지도 모르나 그렇게 되면 학생들이 동기가 생기지 않을 것 같았다. 그래서 2018년은 한 학기 동안 하나의 주제로 너무 길게 프로젝트를 끌어가지 않고 2~3개 정도의 실천 가능한 주제를 결정하고 성취해 가는 방향으로 수업을 시작하였다.

2018년에는 상장중학교에 메이커스실도 만들었다. 그래서인지 자유학기제 활동을 통해 어마어마한 것들을 만들어 낼 수 있을 것 같은 기대가 더욱 커지게 되었다. 상장중학교 메이커스실에 3D 프린터를 19대 설치했고 20명의 학생들이 1인 1노트북과 3D 프린터를 사용하여 수업 및 활동을 할 수 있는 환경을 만들었다.

2018년 1학기에 이렇게 메이커스실을 만들게 되었고 메이커

의욕적으로 시작한 2018년 자유학기 주제선택 활동 모습

스실에서 동아리 활동이 진행되었기 때문에 2학기에 자유학기 주제선택 활동에 메이커스실을 활용하는 것이 기대가 되었다. 사진은 상장중학교 메이커스실의 모습이다.

2학기가 되었고 메이커스실 때문이라도 Maker 주제선택을 선택한 학생들이 많을 것이라고 생각했는데 더 나아진 시설과 크게 관계없이 전년도와 비슷하게 학생들이 지원하였다. 모든 학생들에게 3D프린터와 코딩은 그렇게 하고 싶은 마음이 들 정도로 매력적인 분야는 아닐 수도 있다는 생각이 들었다. 이번에도 마찬가지로 모둠을 구성하고 2017년 활동을 소개하며 2018년 활동에 대해 이야기해 주었다. 당연히 의욕을 불태우는 학생들도 있었지만 그냥 수업 시간의 하나로 시큰둥하게 보내려는 학생들도 있었다. 모둠을 구성하고 모둠별로 하고 싶은 주제를 정하며 수업을 시작하였다. 학생들이 선정한 주제는 다음과 같다.

- ◆ 모둠1 : 3D프린터로 RC탱크 제작하기

- ◆ 모둠2 : 박스와 하드보드 종이를 이용하여 발사가능 총 제작하기

- ◆ 모둠3 : 3D프린터로 드론 설계 및 제작하기

- ◆ 모둠4 : 비행기의 원리가 적용된 RC비행기 제작하기

- ◆ 모둠5 : 종이로 움직이는 물체 제작하기

- ◆ 개인6 : Maker 주제별로 개인과제 수행하기

2018년에는 어떤 주제든 학생들이 생각한 것을 목표로 문제를 해결해가며 배워 나가는 것에 중점을 두었기 때문에 학생들이 선택한 주제를 최대한 존중해 주기로 했다. 주제를 보면 사실 조금 부적절해 보이는 내용도 보인다. 총 제작 같은 경우 유튜브를 찾아보면 총과 총알 모두를 종이로 제작해 종이 총알을 가지고 종이컵을 넘어뜨리는 정도라 큰 문제가 되지는 않을 것 같았다. 사실 많은 학생들이 유튜브에서 만드는 것들을 보고 쉽게 따라 할 수 있을 것이라 생각하지만 그것을 만들기 위해 많은 시간과 노력을 했고 다양한 노하우가 있어야 가능하다는 것을 몸소 느꼈으면 하는 마음이 컸다.

과학적인 문제 해결력을 발휘할 수 있는 주제를 탐구하여 보고서를 작성했으면 하는 바람이 있었지만 역시나 그런 주제를 선정하는 학생들은 없었다. 그저 교사의 바람일 뿐이었다. 주제의 내용을 보면 알겠지만 요즘 학생들이 흥미로워 하는 부분은 과학

모둠별 탐구활동을 공유하는 활동

보다 대부분 기술이나 공학에 많이 치우쳐 있음을 알 수 있다. 하지만 서두에서도 이야기 했지만 이제는 학생들의 흥미와 관심이 많은 공학과 최신 기술의 문제를 활용해 과학적인 내용도 접목해 학습하는 과정이 과학 교사로서 해결해야 하는 과제라고 생각한다. 그래서 주제선택 수업을 기회로 이러한 활동에 도전을 해보고자 하는 마음이 더 컸다.

　나름 의미 있는 주제를 가지고 주제선택 활동이 시작되었다. 처음 시작할 때 학생들의 의욕은 넘쳤다. 그리고 그러한 학생들이

생각 쑥! 역량 쑥! 교과연계 주제선택 수업

의욕을 가지고 계속 탐구활동을 할 수 있도록 지원하고자 노력하였다. 한 달 정도 수업이 진행이 되었다. 필요한 재료와 필요한 것들은 대부분 지원을 해주었다. 하지만 하고자 하는 것들이 마음처럼 되지 않는 일들이 하나하나 생겨날 때마다 학생들의 의욕이 꺾이기 시작하였고 결국 2017년과 마찬가지로 의욕을 잃고 방황하는 모둠이 생겨나기 시작하였다. 예상은 했지만 너무 빨리 포기하는 모둠이 안타깝기도 하고 화가 나기도 했다. 결국 5개의 모둠과 개인활동을 하는 친구들 중 모둠1(RC탱크 제작), 모둠3(드론제작)을 제외하고 목표를 달성하지 못하고 세 달의 프로젝트 활동을 마치게 되었다.

이제 남은 두 달 동안 각 모둠이 활동했던 내용을 공유해 보는 시간을 갖기로 했다. 물론 당초에는 각 모둠이 경험한 활동을 설명하는 방식으로 수업을 진행해 보려 했지만 목표에 도달한 모둠이 두 모둠밖에 되지 않았기 때문에 나머지 활동은 학생들과 함께 교사도 개입해 준비해야만 했다.

그리고 다음과 같이 모둠 활동 공유를 했다.

RC탱크 제작과 드론 제작은 학생들 중심으로 활동을 공유할 수 있었다. 그리고 총 제작과 비행기 제작의 경우 모두가 경험할 수 있는 재료를 준비해 활동을 공유하였다. 비행기의 경우 www.sonicdad.com 사이트에서 설계도를 구입하여 실제 비행기의 원리가 적용된 비행기를 제작해 보고 함께 비행 대회를 하는 활동을 하였다. 그리고 총의 경우 나무로 총을 제작해서 판매하는 MYPA 아빠와 만드는 장난감) 사이트에서 구입하여 제작하였다. 그리고 자신만의 특별한 디자인으로 총을 꾸몄고 고무줄 총 사격 대회를 하며 활동을 공유하였다. 총을 제작하는 회사를 보며 학생들은 취미 활동이 하나의 직업이 될 수 있다는 것도 알 수 있는 활동이 된 것 같다. 그리고 종이로 움직이는 물체를 제작하는 활동의 경우 학생들과 함께 다양한 형태의 개구리를 접어 개구리 올림픽을 하며 활동을 공유하였다. 중학교 시절까지 모든 학생들이 종이 개구리를 한 번도 접어 본 적이 없다고 한다. 비석치기, 구슬치기, 말뚝박기같은 놀이들이 떠올랐다. 요즘 학생들과 나는 정말 다른 세상에 살았구나 하는 생각이 들었다. 조금 안타까운 마음도 들었지만 변한 것은 맞기 때문에 학생들에게 종이로 개구리를 접는 방법을 알려주고 다양한 올림픽 종목에 맞게 창의적으로 형태를 변형시켜 가며 종이 개구리를 접어 개구리 올림픽을 치뤘다. 본래 계획한 교사의 목표 였다면 탐구활동 포스터를 만들어 서로 발표하는 시간을 가졌겠지만 두 번째 주제선택 수업의 탐구활동 공유의 시간이 오히려 학생들과 내게 즐거운 기억을 안겨준 추억이 된 것 같다.

아름다운 실패로 성장한 학생과 교사

컴퓨터나 스마트폰과 같은 영상 기기들이 발달하면서 다양한 것들을 눈으로 경험해 볼 수 있는 기회는 많아졌지만 다양한 것들을 직접 경험해 볼 수 있는 기회는 상대적으로 줄어든 것 같다. 유튜브에 다른 사람들이 무엇인가를 만들고 결과물을 보여주는 영상을 보면 쉽게 따라 할 수 있을 것 같다. 하지만 직접 그것을 따라 하게 되면 현실은 그렇지 못하다는 것을 금방 경험할 수 있다. 결국 직접 해 보지 않으면 알 수가 없다.

다양한 미디어에 노출된 학생들은 보고 들은 것이 많아 만들고 싶은 것이나 새로운 것을 생각하는 능력은 점점 좋아질 수 있지만 직접 해 볼 수 있는 시간적 여유나 장소가 없기 때문에 그것을 직접 실현해 볼 수 있는 능력은 점점 줄어드는 것이 아닌가 싶다. 그나마 수업 개선의 일환으로 프로젝트 수업과 같이 모둠별로 과제를 수행해 가는 수업이 많아져 협동하여 과제를 해결해 가는 경험을 할 수 있지만 프로젝트 수업의 결과물도 대부분 포스터의 형태로 실제 결과물을 만들어 내는 경우가 많지 않다. 그래서 자유학기제 주제선택 활동으로 주어진 시간이 과학을 가르치는 나에게는 정말 유용한 시간이 되었던 것 같다. 왜냐하면 학교 정규 수업 시간 속에서 학생들과 오랜 시간 고민하고 해결해 가는 과정을 직접 해 볼 수 있는 시간을 공식적으로 얻게 되기 때문이다. 과학 수업이 오래된 예전 지식을 가르친다는 생각보다 현재에 필요한 지식임을 공감하고 싶었다. 물론 나는 교사이기 때문에 교과서에서 배우는 기본적인 지식이 바탕이 되어야 함을 알고는 있지만 빠르게 변해가는 요즘 세상을 사는 학생들에게 그러한 것을 설득하는 것은 쉽지 않은 일임을 안다. 그래서 모든 내용을 가르치기보다 주어진 문제를 해결해 가는 과정에서 필요한 내용이라도 찾아보고 그 지식의 중요성을 느끼는 시간이라도 갖고 싶었다.

4차 산업혁명이 대두되면서 영상자료나 다양한 물건, 앱과 같은 프로그램 등 누구나 직접 만들 수 있는 환경이 조성되었다. 그리고 전문가와 비전문가를 구분할 수 없을 정도로 다양한 것들이 다양한 사람들에 의해 만들어지고 있다. 앞서가는 곳에서는 이미 하나의 기술을 가르치기보다 Learn How To Learn(배우는 방법)을 가르치고 있다. 이 방법을 통해 스스로 필요한 것들을 익히고 그것을 융합하여 새로운 것을 만들어 내는 것이다. 우리 학생들에게는 대학을 졸업할 때까지 이러한 것을 경험해 볼 수 있는 시간적 여유가 없다. 분명 세상은 많은 지식을 갖기보다 필요한 지식을 빨리 찾아 새로운 것을 만들어 가는 방향으로 바뀌어 가고 있는데 어쩔 수 없이 배우는 방법보다 지식을 가르치고 있는 상황인 것 같다. 비록 중학교 학생들이고 앞으로 고등학교 입시, 대학교 입시를 중요하게 생각할 학생들에게 성적이 제일 중요함을 안다. 그래서 문제를 해결해 가는 능력의 필요성을 절실하게 느끼지 못할 수 도 있지만 스스로 주제를 정하고 스스로 방법을 찾아가며 문제를 해결하는 활동이 알 수 없는 미래 사회를 살아가야할 우리에게 중요한 경험이 될 것이라 믿는다.

주어진 것을 당연하게 받아들이지 않고 우리 주변에서 문제를 느끼는 것부터가 시작인 것 같다. 문제를 느낄 수 있게 되면 한 걸음 더 나아가 문제를 해결 하려고 노력하는 행동이 내 삶과 주변을 조금씩 바꿔 갈 것이다. 그리고 문제를 해결해 가는 동안 여러 가지 어려움이 생기겠지만 어려움을 해결하는 끈기와 노력이 원하는 목표에 이룰 수 있도록 안내할 것이다.

앞으로 세상이 어떻게 변할지 점점 더 불투명해지는 것 같다. 그래서 세상에 필요한 지식을 가르친다고 생각했던 과학 수업에서 어떤 것을 강조해야 하는지도 혼란스러웠던 것 같다. 하지만 한 가지 분명한 것은 영역을 가리지 않고 다양한 분야를 활용해 앞으로 어떤 일이 일어날지 모르는 사회에 잘 적응할 수 있는 문제해결 능력이 필요하고 이것을 배울 수 있는 시간도 필요하다. 그리고 이러한 시간이 주제선택 수업의 형태뿐만 아니라 다양한 형태로 수업에 녹아들어 학생들과 선생님에게 도움이 되는 시간으로 자리 잡기를 바라 본다.

09

내 안의 성장,
함께 성장하는 우리

주제중심 통합 수업의 실제

학생들이 '내가 어떤 모습이든,
무엇을 하든 충분히 가치 있는 존재'라는
자기 믿음을 지니길 원하며
자신의 일상을 되돌아보며
문제를 찾아내고, 최선의 행동을
고민-선택-결정하고 실천하는 사람.
자신의 삶의 방법과 자기다움을
깊이 있게 고민하는 삶의 주체자가 되길 기대한다.
오랫동안 수업으로 인해 고민하는 속마음을
고백할 수 있는 다른 수업친구도 나와 같은 마음일 것이다.

수업 친구와 함께 길을 찾아가면서

수업 친구! 나에게 동료 선생님은 교사로서의 삶을 함께 살아 가는 좋은 수업 친구이다. 수석교사로서 선생님들에게 수업 컨설 팅을 하고 뭔가 모범을 보인다는 것은 참으로 지난하고도 거창한 일이지만 내 삶의 친구인 선생님들과 함께 나눈 시간은 나를 더 교사다운 교사가 되게 하였다.

"날씨도 꿀꿀한데 수석선생님이 4월14일 부모님을 모시고 공개 수업을 하라신다. 이 시기에 공개수업!! 임용고시 2차 수업 시연 끝나면 공개수업은 당분간 없으리라 생각했는데… 무슨 날벼락인 가? 게다가 우리 부모님을 초청하라신다. 난감하구나. 수석선생 님도 수업을 공개하신다고 한다. 수업 Festival이라고 하시는데. 학부시절 축제는 들어봤어도 수업 Festival이라니. 강아지가 강

생각 쑥! 역량 쑥! 교과연계 주제선택 수업

아지풀 뜯어먹는 소리…. 그나저나 임용고시 합격에도 기뻐하지 않으시던 아버지의 얼굴이 떠올라 마음이 울적해진다. 아버진 내가 멋진 외교관이 되길 원하셨는데."

- ○○○ 선생님의 교단일기에서

"내 인생의 가장 암흑기인 고2. 부끄러운 자화상을 고백한다. 꼴찌로 1등을 깔아주는 학생, 서열을 매기는 시험에서 성적이 바닥인 학생. 학급 평균을 깎아 먹는다고 담임을 화나게 만드는 학생. 나는 그런 학생이었다. 지금도 잊지 못하는 조회시간이 있다. 어느 교육청 교육장으로 퇴임하신 박○○ 담임 선생님이 근엄하게 '너희 두세 명이 인문계 특수반보다 반 평균을 깎아 먹는다. 왜 자연계로 왔는지 모르겠다.'라는 말을 남기고 앞문을 쾅 닫고 나가셨다. 그 두세 명 중에 한 명이 바로 나였다. 훗날 교사가 되어서 그런 담임 선생님은 절대 되지 말자고 다짐했지만 뒤돌아보면 나 역시 그 스승 밑에서 자란 그 제자였겠지. 학생들을 때리고 깜지도 많이 써오게 하고. 80년대 제자들을 만나면 머리 숙여 사과하며 따뜻한 차라도 한잔 하고 싶을 정도로 부끄럽다. 그 시절 서울대 반의 특혜를 받은 친구들은 지금 어떤 사람으로 살아가고 있을까?"

- ○○○ 선생님의 교단일기에서

신규 선생님의 부모님을 모시고 함께 한 '수석교사와 신규교사의 수업 페스티벌' 후 어느 신규 선생님의 이야기, 학창 시절에 대한 솔직한 고백 등 저 경력 선생님들과 함께 나눈 소소하고 아픈 이야기들은 수석교사로서의 나의 역할과 자리를 더 고민하게 만들었고 그들을 지도하며 나도 함께 성장해 가는 특별한 경험을 선물 받았다. 부끄러움을 무릅쓰고 수업을 공개하고, 날카로운 직언도 새 길을 찾아가는 과정으로 담담히 받아들이는 수업친구들의 용기는 수업을 통해 학생들뿐만 아니라 우리 자신도 행복해지는 소중한 경험을 안겨 주었다.

○○ 남자 중학교 재직 당시 대부분의 교사들은 학생들의 학교폭력과 거친 언행으로 인한 학생들과의 갈등으로 매일이 두려움과 긴장의 연속이었다. 쉬는 시간에도 작은 공, 큰 공, 망가진 공, 종이 공 등을 들고 운동장 곳곳에서 뛰고 차고, 폭발적인 에너지를 내뿜는 그들에게 배움과 성장이 일어나는 수업은 아름다운 교육 세상을 상상했던 교사들에게는 어려운 과제였다.

그러나 좌절하고 상처만 받고 있기엔 가야 할 미래가 너무나 길게 남아 있었다. 이곳에서 '수석교사로서 내가 해야 할 일, 잘할 수 있는 일은 무엇일까'라는 고민을 하면서 수업친구들에게 기대어도 보고 함께 고민도 하면서 답을 찾으려 노력하였다.

하지만 보건실은 늘 코피 터지고 머리 깨져서 치료받는 학생들로 만원이고 언제부터인가 자해를 하거나 갑자기 고래고래 소리 지르면서 난동을 부리는 학생들의 모습을 보면서 교사로서, 특히 가정교사로서의 무력감을 느꼈다. 여학생들과는 분명 다른, 남학생들에게 적합한 수업모형은 과연 무엇일까.

수업모형 연구를 위해

먼저 12개 출판사별 교과서를 주제별로 그물망 정리하고 2015개정교육과정의 교과역량, 성취기준, 학습요소 등을 살펴보았다. 학생들이 긍정적인 자기 존중감을 형성하여 학교 폭력으로 고민하는 친구를 돕고 적극적인 해결자로 관계를 맺는 능력과 태도를 내면화하도록 수업의 목적을 설정하였다. 가정 시간이면 콧노래까지는 아니어도 얼굴 찡그리며 만나는 수업이 아닌 재미나고 행복한 수업을 만들기 위한 교육과정을 만들고자 노력하였다. 수업 철학을 다시 세우고 다양한 수업 방법을 고민하며 이곳저곳 연수도 두드려보고 책을 구입하여 공부하다 보니 수업의 길 찾기는 의외로 가까운 곳에 있었다.

내가 찾은 답은 바로 '내 옆에 있는 선생님들!'이었다. 교사는 개인적이지만 혼자서 할 수 있는 일은 드물다. 우리는 한 달에 두 번 만나 각자 수업에서 겪은 일을 털어놓고 이런 저런 이야기를 나누었다. 그러다 보니 수업 변화에 대한 고민이 혼자만의 고민이 아니라는 사실을 알게 되었고 서로에게 위로를 받게 되었다. 나와 똑같은 생각을 하는 사람이 옆에 있다는 사실만으로도 힘이 솟아

났고 그렇게 힘을 얻어 수업에서 다시 학생들을 만났다. 이 관계를 나는 '수업친구'라고 말하고 싶다.

또한 선생님들과 함께 읽고 토론한《교사, 수업에서 나를 만나다》(김태현,2012)는 수업친구의 중요함을 다시금 일깨워 주었으며 수업을 경험하는 학생들의 미래를 생각하면서 수업의 가능성을 열어주는 새로운 기회를 만들어 가게 했다.

"좋은 수업은 단순히 교사의 수업기술만으로 이루어지지 않는다. 수업을 하는 교사가 가지고 있는 일관된 철학이 중요하다. 좋은 수업은 교사의 여러 행위들, 예를 들어 교사가 말하는 내용, 제시하는 수업 활동, 학생들에게 던지는 질문들이 하나의 목적으로 향한다. 반면 철학이 없는 수업은 교사가 많은 행위를 해도 각 행위들이 목적 없이 배열된 채 단절되어 있다."

– 《교사, 수업에서 나를 만나다》, 김태현 발췌

이 글은 나에게 많은 생각을 하게 했다.

'수업친구들과 어떤 수업을 하고 싶은가?'
'수업친구들과 무엇을 소통하고 공유하고 싶은가?'

'교사다움은 무엇인가?'

'수업에서의 나의 목소리, 언행, 움직임은 교사다운가?'

'교실 풍경은 어떤 모습이었나?'
'나의 수업철학은 무엇이며 옳은 지향점인가?'
'나는 20년 후 나의 가정 수업을 받은 학생들이 어떤 사람으로 살아가기를 원하는가?'

위의 질문에 대한 답과 해결 방법을 찾아가는 과정은 쉽지 않았으나 수업 변화를 시도하는 교사들에게 수업 혁신의 필요성을 인식할 수 있는 외부 강연 및 외부 교사동아리를 연결해주고, 내부의 동력을 계속 살릴 수 있도록 지속적으로 지원하는 활동으로 실마리를 찾아갔다. 한 걸음 더 나아가 자신의 수업을 공개하는 수업 나눔과 수업을 살펴보는 수업성찰로 교사 스스로의 성장을 견인하면서 학교를 변화시키는 데 앞장섰다.

혁신은 제안하기는 쉽고, 실행하기는 어려우며, 지속하기는 매

수석교사와 신규교사의 수업발표

우 어렵다는 말을 떠올리면서 그간의 고민을 모아《내 안의 성장, 함께 성장하는 우리》라는 주제로 17차시 주제중심 통합수업을 설계하였다.

이 수업을 통하여 학생들이 '내가 어떤 모습이든, 무엇을 하든 충분히 가치 있는 존재'라는 자기 믿음을 지니길 원했다. 또 학생들이 자신의 일상을 되돌아보며 문제를 찾아내고, 최선의 행동을 고민-선택-결정하고 실천하는 사람, 자신의 삶의 방법과 자기다움을 깊이 있게 고민하는 삶의 주체자가 되길 기대하였다.

주제중심 수업을 시작하면서

수업은 '내 안의 나 만나기', '함께 성장하는 우리', '자존감 UP, 사이버폭력 NO', '공감할 수 있다면 우리는 찰떡 궁합', '우리는 착한 소비자', 5가지로 소주제를 설정하여 구성하였다.

중학교 학생들은 호르몬의 변화로 인해 2차 성징이 나타나고 감정의 기복이 심하며, 충동적이고 폭력적인 성향이 강해진다. 이 시기에 대뇌에서도 큰 변화가 일어나서 감정 조절 기능은 현저히 떨어지고, 뇌 회로의 가지치기로 인해 살아남은 회로는 견고한 두뇌 발달로 이어진다. 이 수업은 교육 과정 재구성을 통하여 남학생과 여학생 모두 청소년의 이해 단원을 학습하고 궁극적으로 가족 구성원과 학교집단, 사회 구성원 모두를 이해하여 함께한 삶을 살아갈 수 있도록 하는 것에 목표를 두었다.

특히 남학생들의 수업 능력을 고려하여 교육과정 재구성을 유연하게 시도하려고 했으며 수업뿐만 아니라 평가에 있어서도 교과연계 및 과정중심평가가 이루어지도록 주안점을 두었다. 교사는 강의를 줄이고 학생들이 수업 주제를 스스로 찾으며 자기 주도적 학습 분위기가 조성되도록 하였고 학생들이 지속적으로 문제 해결력과 협업능력을 발휘하도록 지도하였다. 친구들을 만나면서 복잡하고 미묘한 관계를 살피고, 좋은 친구 관계 맺기를 위한 방법을 생각하면서 '경쟁과 대립'이라는 벽을 넘어 학생들이 상호작용을 통해 배움으로 이어지고 관계를 개선해 나가는 '학습의 장', '성장의 공간'이 되도록 지도하였다.

또한 지속가능한 소비의 의미와 중요성을 알고 자신의 삶 속에서 실천 방법을 찾고 경험하도록 하였다. 자신에 대해 정확하게 알고 긍정적으로 인식하는 사람들은 스스로를 사랑하고 자신감을 가지고 행동한다는 사실을 학생들이 이해하고 이러한 긍정적인 자아정체감을 형성하며 자신의 인생에서 스스로가 주인이 되어 남과 더불어 조화롭게 살아갈 수 있음을 인식하도록 하였다.

수업방법의 특징은 실천적 문제에 대하여 학생들이 스스로 문제를 인식하고 목표를 설정하며, 이에 대한 대안을 탐색하고 그 실행 결과를 예측하도록 할 것이다. 이를 통해 학생들이 실생활에서 직면할 수 있는 문제에 대해 해결할 수 있는 능력을 기를 수 있도록 하였다. 학습 활동지는 학생들의 자발적인 학습 의욕을 높이고 학생들이 수업의 주체가 되도록 구성하였다. 교수 방법으로 실천적 추론 과정을 개별 활동과 모둠 활동으로 구성하였다.

실천적 추론 과정을 살펴보면 '목표설정 → 문제의 맥락과 배경이해하기 → 대안탐색 → 대안의 효과 → 행동 및 평가'의 단계로 구성하였다.

실제 수업이야기

차시	소주제	활동내용
1-3	내 안의 나 만나기	- 비주얼씽킹: 써클맵, 나의이름, 손가락 - 나의 성장나무 그리기
4-6	자존감UP, 사이버폭력 NO	- 책속의 한 줄 명언 찾아보기 - 자존감 수치 알아보기 - 동화책 읽고 캘리그라피로 느낀 점 표현하기 - 나의 단점을 장점으로 바꾸어 미래의 나에게 편지쓰기
7-10	함께 성장하는 우리	- 좋은 친구란 주제로 인터뷰하여 발표하기 - 짝 얼굴 그리고 칭찬 댓글달기 - 생선뼈 토의 활동하기
10-12	성장할 수 있다면 우리는 찰떡 궁합	- 뇌구조에 자신의 감정표현하고 질문형 하부루타하기 - 5-WHY 토의활동하기 - 선플 운동에 참여하기

생각 쑥! 역량 쑥! 교과연계 주제선택 수업

13-17	우리는 착한 소비자	- 씀씀이 진단하기 - 교복 문제점 파악하기 - 청소년의 교복 문화 알아보기 - 착한 소비자라는 주제로 소비자 책, 홍보물 만들기, 픽 토그램, 연꽃기법, 만화그리기

교육과정 재구성 및 차시별 계획

내 안의 나 만나기

수업의 긴장감을 풀고 교과서와 필기도구를 사물함에서 가지고 오는 시간을 절약하기 위하여 기·가부장이 컴퓨터 바탕화면에 미리 탑재해 놓은 수업 관련 노래(응가송, 밥송, 토마토송, 우유송, 김치송, 모두 다 좋은 친구)를 함께 부르면서 시작하였다. 노래 부르기가

끝나면 비주얼씽킹에 대하여 설명을 듣고 '나를 소개합니다'라는 주제로 써클맵과 자신의 이름으로 타이포그래피 만들어보기, 핑거 비주얼씽킹 등으로 자신의 생각을 시각적으로 표현하도록 하였다. 준비물을 가져오지 않은 학생들과의 갈등을 줄이기 위하여 미리 준비해둔 필기도구와 사인펜, 색연필, 연필깎이, A4용지 등을 나누어 주면서 모두가 수업에 참여할 수 있도록 하였다.

'당신의 이름은 몇 개입니까?', '나를 소개합니다', '내가 생각하는 나와 내 짝이 생각하는 나'의 활동을 통하여 그동안 미처 발견하지 못했거나 관심이 없었던 나를 되돌아보는 활동을 하면서 맥락을 파악하였다. 학교 행사와 겹쳐서 블록 타임으로 구성할 수 없는 시간이나 다른 반에 비해 학습 수준이 현저히 낮은 반은 학생들이 활동지를 선택하도록 하였다. 처음에는 나를 소개하고 손가락에 자신의 장점이나 미래의 꿈, 좋아하는 친구나 과목 등을

핑거 비주얼 씽킹

표현하는걸 어색해하고 손으로 가리면서 친구들에게 보여주지 않으려고 하였지만 시간이 지나갈수록 자신감을 가지고 색연필로 채색작업까지 마무리하는 모습이 대견스러웠다.

마무리는 '당신의 뿌리를 알고 계십니까?'라는 동영상을 시청한 후 '나의 성장나무 그리기' 활동이었다. 아직 자신의 진로를 선택하거나 생각하고 있지 않은 학생들에게 나무뿌리와 열매, 나뭇잎에 자신의 잠재적인 특성과 장점을 찾아 미래를 설계하는 데 도움을 주었다. 시수가 부족한 반을 진로시간이나 창체 시간을 활용하였다.

기술·가정실 게시판에 활동 결과물을 붙이고 포스트잇이나 스티커를 이용하여 칭찬 댓글 달기로 동료 평가를 하였다. 한 학생들에게 몰리거나 칭찬 스티커가 없는 친구를 위하여 옆 짝에게 칭찬 댓글을 달도록 하여서 소외되는 학생 없이 모두가 칭찬 받고 있다는 자신감을 얻고 위로를 받는 즐거운 수업이었다.

「자존감 UP, 사이버폭력 NO」

도서《자존감 수업》,《미움 받을 용기》에 나오는 몇 가지 명언을 소개한 후 전 시간에 과제로 제시한 책 속의 한 줄 명언을 찾아보도록 하였다. 책 내용이 어려워서인지 완독한 학생이 많지 않았고 무작위로 페이지를 넘겨서 한두 줄 적어온 학생이 많아서 아쉬운 수업 이었다. 동화책《강아지 똥》을 읽고 자신의 소중함을 인식하며 질문에 답하기를 하였다. 이어서 캘리그라피를 제작하기 위해 개념 및 진행 절차를 이해하고 캘리그라피로 표현하기를 하였다. 책 제목에서의 느낌과 책 내용에 많이 등장한 강아지 똥과 민들레꽃을 세밀하게 그리면서 색까지 칠하고 강아지 똥 노래도 흥얼거렸다. 변성기라 듣기가 민망했으나 지루하게 끝날 수 있는 수업이 재미있고 흥겨운 시간이 되었다. 무뚝뚝하고 부모님과의 대화도 부족한 남학생이 부모님께 자신이 가장 소중하다고 느낄 때는 언제인지 문자 메시지를 보내게 하였고 부모님이 보내준 답장으로 자신이 부모님에게 소홀하며 쓸모없는 사람이라고 느끼며 갈등을 겪고 있던 학생도 자신의 소중함을 확인하는 계기가 되었다. 부모님의 답장이 없는 학생에게는 실망스런 수업이기도 하였고 갑자기 온 문자에 놀라시면서 전화를 걸어온 부모님도 있었다.

학급 내 사이버폭력을 없애기 실천가가 되기 위한 대안으로

동화책 활용 활동

만약 우리 학급에서 사이버폭력이 발생하였다면 '내게 주어진 역할이 필요해'라는 주제로 '루돌프 사슴코'라는 크리스마스 캐롤송 가사의 의미를 생각하며 학급에서 나의 역할에 대한 모방시 짓기를 하였다. '루돌프 사슴코' 노래를 신나게 부르면서 모방시 짓기를 하다보면 어느새 학급에서 내가 할 수 있는 역할이 있다는 희망, 교실이 경쟁과 대립이 일어나는 곳이 아니라 배려와 존중감이 살아있는 교실이어야 한다는 책임감도 배울 수 있었다. 특히 학급에서 폭력이 많이 생기는 담임 선생님들에게 활동 결과물을 보여주면서 학생 상담 자료로 활용할 수 있도록 하였다.

마무리는 나의 단점과 장점을 알아본 후 나의 단점을 장점으로 바꾸어 미래의 나에게 글쓰기를 하였다. 글 쓴 내용들은 스마트폰으로 찍어서 저장하였다가 학부모초청 공개수업일이나 학부모 총회 시 부모님 상담 자료로 활용하였다.

함께 성장하는 우리

동영상(김진표의 '친구야', 국악동요 '그냥 좋은 친구')을 시청한 후 친구에 관한 사자성어 찾기 게임을 하였다. 친구와 관련된 오래된 사진이나 영화, 동화의 한 장면을 보면서 사자성어을 찾도록 하는 활동도 의미가 있었다. 국어, 한문, 미술교과와 주제통합 수업으로 구성하거나 블렌디드 러닝 수업도 가능하였다. '좋은 친구란 무엇일까요?' 라는 주제로 친구나 선후배, 부모님, 교직원, 선생님과의 인터뷰를 통하여 시대의 변화나 나이에 따라 친구를 생각하는 관점이 얼마나 다르고 중요한지 알도록 하였다. 인터뷰할 때의 영상 장비와 편집은 학급에 있는 방송반 학생들의 도움을 받았고 학교 방송제에 내보내기도 하였다. 또한 친구를 사물에 비유하여 PPT로 제작해 모둠별로 발표도 하였다. 1반부터 10반까지 학생들의 학습력과 학교행사로 인한 수업시수 변동으로 블록수업이 어려운 반들은 모든 활동을 다하기가 어려워 선별하여 활동을 하였고 활동하지 못한 내용들은 학교축제나 수업 나눔 한마당 전시회 때 다른 반 학생들의 활동지를 보도록 하였다. 우리들의 친구관계에 대한 문제를 인식하기 위하여 '내가 생각하는 좋은 친구란?' 설문지 작성을 하고 친구일기를 통해서 내 친구의 문제를 분석하고 해결책을 찾아가며 공감하고 격려해주는 모둠활동을 하였다. 이 활동은 아픔을 안고 있는 친구를 위하여 우리가 해주고 싶은 버킷리스트를 작성하는 활동이었다. 옆에 있는 내 친구에게 감사함과 미안함을 전달하는 시간으로 친구의 캐리커처를 그리거나, 친구를 사물이나 꽃, 나무에 비유하여 그려보고 포스트잇에 칭찬 한마디를 적어서 붙이도록 하였다. 친구의 특징을 잘 살려서 그린 그림을 보며 본인의 얼굴과 똑같이 미남으로 그려준 친구에게 고맙다는 인사말도 하고, 많이 닮지는 않았지만 특징을 잘 살려 표현해준 짝에게도 박수로 답을 해주는 시간이 되었다. 코팅을 하여 잘 보관하였다가 10년 후 반창회 때 가지고 오자고 제안하는 적극적인

생각 쑥! 역량 쑥! 교과연계 주제선택 수업

'함께 성장하는 우리' 활동

모습에서 감탄사가 절로 나왔다.

마무리로 '청소년의 문제'라는 주제로 생선뼈 토의 활동을 하였다.

생선뼈 토의 활동은 청소년이 안고 있는 문제점을 찾아 주제를 선정하고 원인을 개인, 학교, 가족, 사회적 측면에서 찾아보았다. 생선 머리에 주제를 적고 생선 가시 하나하나에 생각을 적고 청소년의 복잡한 뇌구조와 비슷한바다 속의 세상을 상상하면서 그려 보게 했다. 주제는 청소년의 음주와 흡연 등 건강과 직결된 문제에서부터 10대 임신이나 미혼모 등 다소 사회적 관심까지 다양하였다. 무엇보다 당면한 문제를 찾아가는 과정에서 다양한 정보를 얻기 위하여 학생부와 상담부도 찾아다니고 청소년 단체 등도 방문하여 얻은 정보 등을 바탕으로 제작한 생선뼈 토의활동은 공허한 메아리가 아닌 그들의 용기 있는 외침이었다.

공감할 수 있다면 우리는 찰떡궁합

사이버 폭력의 심각성을 인식하고, 사이버폭력 피해자의 마음에 공감하기 위하여 피해자의 마음을 뇌구조에 표현하고 질문 제시형 하브루타 토의 활동을 하였다. 질문형 하브루타는 짝과 활동지를 바꿔 짝이 작성한 뇌 구조를 보며 질문을 만드는 활동이다.

생각 쑥! 역량 쑥! 교과연계 주제선택 수업

먼저 질문의 종류에는 내용, 추측, 적용이 있음을 알려주고, 짝과 만든 질문으로 하브루타를 하며 좋은 질문을 선택한 후 친구와의 짝 토론을 통하여 문제의 해결점을 찾아가도록 하였다. 질문형 하브루타 토의 활동은 옆 짝과 마주 보고 느낌과 이유를 자유롭게 자세히 말하며 친구의 관점을 이해하는 데 초점을 맞추도록 지도하는 것에 유의하며, 각자의 생각을 정리하여 제시하게 하고 동의하지 않을 때는 그 이유를 설명하도록 지도하였다.

다음으로 《카톡 감옥 아세요》를 읽고 5-WHY 토의 활동을 하였다. 블록 타임으로 진행하기 어려운 반은 질문형 하브루타와 5-WHY 토의 활동 중 하나를 선택하도록 하였다. 마무리로 사이버 폭력에 대한 진실 혹은 거짓 문제를 풀어보고 선플 운동에 참여하여 사이버폭력의 방관자가 아닌 해결자가 되도록 하였다. 선플 운동에 참여한 내용을 캡처하여 평가 자료로 활용하였다.

우리는 착한 소비자

이전 학년 학생들이 제작한 소비와 관련된 홍보물과 UCC 경연대회에서 대상받은 작품을 감상하면서 수업을 시작하였다. 체육시간에 빈 교실에 켜진 형광등이나 에어컨, 스마트폰을 충전하려고 꽂아둔 콘센트, 한여름에 담요를 뒤집어쓰고 수업하는 모습, 꽉 끼게 줄여서 만든 일명 소시지 바지, 급식소의 잔반, 매점에서 판매되는 과자의 종류, 플라스틱 줄에 묶여 죽은 고래 등 여러 가지 홍보물과 UCC 등을 보면서 청소년의 소비문화와 환경 문제의 연관성을 알아보고 우리가 실천하고 해결해야 할 과제에 대하여 생각하도록 하였다. 소비 관련 용어(된장녀, 명품족 등) 들의 문제점을 생각하며 청소년들의 소비문화의 문제점을 알아보고 원인과 해결 방법을 알아보도록 하고 착한 소비자 운동에 동참하고 실천하려는 기관(아름다운 가게, 생활협동조합) 들을 알아보았다.

마무리로 지속가능한 삶을 살아가기 위한 실천과제로 소비자

'우리는 착한 소비자' 활동

책이나 홍보물 만들기, 픽토그램, 연꽃기법, 만화그리기 등을 제작하면서 착한 소비자가 되도록 개별활동을 하였다. 픽토그램은 유튜브 동영상의 자료를 보면서 설명을 하였고, 소비자 책이나 홍보물은 한국소비자보호원 사이트에 있는 자료와 전년도 학생들이 만들어 놓은 결과물을 보면서 활동하도록 하였다. 남학생들이 그림을 통해 생각을 표현하는 활동을 귀찮아하고 어색해했지만 수업이 진행될수록 솜씨도 늘고 꼼꼼하게 채색하며 성장하는 모습에 보람을 느낀 수업들이었다.

수업에서 느낀 점 한 줄로 표현하기

아래는 실제 학생들이 쓴 한 줄 느낌이다.

• 중학생은 더 이상 어린이가 아니고 어른으로 성장하는 인생의 첫 관문이다.
• 내가 싫어했던 친구가 좋은 사람을 꿈꾸고 멋진 미래를 만들어 나가는 순간을 함께 한다고 생각하니 낯설고 슬프지만은 않다.
• 나를 가치 있는 사람이라고 생각하는 습관이 생기고 나의 약점과 한계를 인정하고 좀 더 겸손해지려고 한다.
• 내가 소중한 사람이고 중2병은 치유될 수 있는 성장통이다.
• 친구 문제로 갈등했던 나를 뒤돌아보며 옆 친구의 외모와 성

격이 나와 다름을 인정하기 시작하였다.

- 친구가 색연필로 그려준 내 얼굴은 본 순간, 역시 난 멋진 미남이다.

- 의견을 말하고 옳고 그름을 판단하는 것이 토의활동이라고 알고 있었으나 생선뼈 토의활동은 문제를 알아가고 해결법을 찾아가는 새로운 기법의 토의 방법이었고 바다 속의 세상이 사춘기 뇌와 비슷하다고 느꼈다.

- 수업 시작과 함께 불러본 노래 영상물은 아무 때나 흥얼거리게 되었고 등장하는 만화 주인공들의 캐릭터가 귀여웠다.

- 모둠 활동 시 친구 의견에 비난하지 않고 경청하기가 어려웠으나 차차 협력하면서 좋은 점수를 받게 되어 기뻤다.

- 학교 앞 유기농 ○○매장을 그냥 지나치다가 착한 소비자 단원을 배운 후 대형 매장 대신 어머님과 함께 장보기를 하였다.

- 모둠으로 착한 소비자 책 만들기 수행평가 시 무임승차를 하지 않고 재미있게 참여하였다.

- 만화그리기와 픽토그램 활동 후 친구들이 해 준 동료 평가는 진로를 결정하지 못하고 주춤거리는 나에게 특성화고 애니메이션과에 진학해도 좋을 것 같은 잠재된 재능을 발견하는 계기가 되었다. 만화 그리기와 생각을 그림으로 표현하는 비주얼씽킹 수업이 재미있었다.

- 가정실 게시판에 친구들의 수행평가 결과물이 진열되어 있어

서 초등학교 교실 분위기가 살짝 났지만 친구들의 활동 내용
들을 자세히 살펴볼 수 있어서 다른 과제 평가 시 도움이 되
었다.

• 수업 후 친구의 활동물에 스티커와 칭찬 포스트잇을 붙일 생
각을 하니 평가 시간이 기다려졌다.

• 5-WHY 토의 시간은 '왜, 왜, 왜'라는 질문의 연속이었으나
내가 생각지도 못한 결과가 놀라웠다.

• 나의 내성적인 성격과 소심하고 서투른 발표에도 공감해주고
격려해 주는 친구들에게 표현할 수 없는 힘과 용기를 얻었다.

다시 수업친구와 함께

'내 안의 성장, 함께 성장하는 우리'라는 주제로 17차시 주제선
택수업을 해 보았다. 소극적이고 흥미를 잃어가는 학생들을 보면
서 함께 멈춰버린 나를 발견하고 동료교사들과 다시 시작해 본 수
업이었다. 수업을 함께 했던 학생들은 이제 고등학교로 진학하여
그들의 인생을 묵묵히 살아가고 있을 것이다. 또한 아픔을 공감해
주고 격려해 주었던 그때의 수업친구들도 다른 공간에서 수업 성
찰을 통해 성장하고 있으리라 믿는다. 17차시의 수업만으로 커다
란 변화를 기대하기는 어려움이 있지만 오랫동안 수업으로 인해
고민하는 속마음을 고백할 수 있는 다른 수업친구가 내 옆에 있음
에 감사한다.

오늘도 어제처럼 고개를 다 못 넘고 지쳐 있는데

달빛으로 다가와 등을 쓰다듬어 주는 벗 하나 있었으면

그와 함께하면 칠흑 속에서라도 다시 먼 길 갈 수 있는 벗 하나 있었으면

- 도종환 , 「벗 하나 있었으면」 발췌

자유학기제 수업을 통해
학생들의 삶과 앎을 만나다

사춘기를 통해 어린이에서 청소년으로 발돋움하는 시기가 바로 중학교 시기이다. 중학생들은 부모보다는 친구들에게 많은 영향을 받기 시작하고, 자기에 대한 고민을 통해 자기 정체성을 찾아간다. 이성 친구에 관한 관심이 높아지고, 사회 문제에 대하여 눈을 뜨기 시작한다. 때로는 정서적인 불안정을 경험하고 좌충우돌 행동을 통해 다른 사람들과 충돌을 하기도 한다.

이러한 중학생들에게 다양한 수업과 경험을 통해 자기를 발견하고, 자기에 대한 고민으로 시작하여 진로에 대한 고민까지 할 수 있도록 도와주는 것이 자유학기제의 출발이었다. 자유학기제를 통해 교사들은 삶과 앎을 연결할 수 있는 창의적이고 자율적인 교육과정과 수업을 디자인할 수 있다. 하지만 교사들이 다양한 학생 참여 수업과 과정중심 평가를 통해 자유학기제 수업을 디자인하여 운영하는 것이 그리 익숙한 것이 아니다. 왜냐하면 자기 교과목 수업 시간에 주어진 교과서 중심으로 수업을 하는 문화에서 벗어나 교육과정을 자율적으로 디자인하고 수업을 새롭게 준비하는 것이 그리 쉬운 일이 아니기 때문이다.

창의적이고 자율적인 교육과정을 운영할 수 있는 도구로서 교사들이 자유학기제를 잘 활용하려면 무엇보다 주제선택 활동 시간을 의미 있게 풀어나갈 수 있어야 한다. 주제선택 활동 시간을 통해 주제 통합 수업이나 기존 교과 수업 시간에 충분히 다룰 수 없었던 내용을 담아낼 수 있다. 학생들의 관심사와 현재 사회에서 요구하는 주제들을 잘 엮어서 자유학기제 수업을 하려면 교사들의 교육과정과 수업디자인 역량이 매우 중요하다.

이 책은 교과연계 주제선택 수업 이야기들을 담고 있다. 현재 교과연계 주제선택 수업을 본격적으로 다룬 단행본이 없는 상태에서 이 책은 매우 뜻깊은 나침반 역할을 한다. 이 책은 자유학기제 실천 사례를 요약하여 담은 자료집이 아니라 여러 선생님이 자기 고민과 경험, 교과적 특성을 바탕으로 다양한 주제선택 수업

이야기를 에세이 형태로 풀어냈다. 이 책에서는 우리 동네 이야기를 통해 지역에 대한 자부심을 심어준 우리 동네 연구소, 자서전 쓰기를 통해 자기 삶의 이야기를 담은 국어과 수업, 다양한 그림책 활용 수업과 영어 그림책 수업, TED 방식을 통한 영어 스피치 수업, 다양한 놀이 수학, 미디어를 비판적으로 읽는 미디어 리터러시 수업, 과학, 기술, 공학이 어우러진 STEAM 수업, 수업친구와 함께 주제 중심 통합 수업 등 다양하고 풍성한 수업 이야기가 가득하다.

이 책은 중학교 자유학기제 주제선택 활동 수업을 고민하는 교사들에게 새로운 도전과 방향을 제시하고 있다. 교육과정과 수업디자인의 기쁨을 누리고자 하는 중학교 선생님들이라면 꼭 읽어보기를 추천한다.

— 수업디자인연구소 소장 김현섭